Erik Zimen
Katharina Lausche

Mein Esel

Ein rotfuchs Sachbuch

Rowohlt

Lektorat Ute Blaich

Originalausgabe
Veröffentlicht im Rowohlt Taschenbuch
Verlag GmbH, Reinbek bei Hamburg, Juli 1998
Copyright © 1998 by Rowohlt Taschenbuch
Verlag GmbH, Reinbek bei Hamburg
Text- und Umschlagillustration Katharina Lausche
Umschlaggestaltung Barbara Hanke
rotfuchs-comic Jan P. Schniebel
Copyright © 1998 by Rowohlt Taschenbuch
Verlag GmbH, Reinbek bei Hamburg
Alle Rechte vorbehalten
Lithographie Grafische Werkstatt Ch. Kreher, Hoisdorf
Satz Berling PostScript, QuarkXPress 3.32
Gesamtherstellung Clausen & Bosse, Leck
Printed in Germany
ISBN 3 499 20899 7

Die Schreibweise entspricht den Regeln
der neuen Rechtschreibung.

Inhalt

1. Roberto

Es war Liebe auf den ersten Blick. Der kleine Esel stand eng an seine Mutter geschmiegt – ein kuscheliges kleines Wollknäuel auf vier wackeligen Beinen, aus dem zwei riesige Ohren ragten. Nein, so etwas Süßes hatte ich noch nie gesehen! Der wuschelige Kopf, das weiche Fell und dieser Blick! Er war noch keine Stunde alt, und schon lag die ganze Sanftmut seiner Art in diesen Augen.

«Mona, komm! Das musst du sehen!», rief ich.

Mona war ebenso entzückt wie ich. «Ein kleiner neugeborener Esel!»

Über Ostern waren wir für einige Tage in der Toscana und mit unseren italienischen Freunden auf einen Bauernhof gefahren, um Ziegenkäse und Olivenöl zu kaufen. Hier wimmelte es von Jungtieren. Im Ziegenstall hüpfte ein Dutzend Zicklein umher, zwischen den großen Heuballen pickten Hühnerküken, auf der Weide spielten die Kälber Wettrennen und unter den Eichen im Hof grunzte eine Horde rosafarbener Schweinchen. Aber kein Junges war so süß wie dieser kleine Esel. Was er an Zerbrechlichkeit und Anmut ausstrahlte, traf uns mitten ins Herz. Wir kletterten über den Zaun und gingen vorsichtig auf ihn zu. Mütter neugeborener Jungtiere können manchmal ziemlich angriffslustig sein, und so waren wir auf eine schnelle Flucht vorbereitet. Doch nichts geschah. Die Eselin ließ uns seelenruhig herankommen und sogar ihr Junges streicheln, obwohl wir Fremde für sie waren. Wie weich sein Fell noch war und wie biegsam die langen Ohren! Der Kleine, ein Hengstfohlen, beschnüffelte uns und versuchte dann an Monas Hand zu saugen.

«Nein, du Kleiner», lachte sie. Gemeinsam versuchten wir, ihn an die Zitzen seiner Mutter zu drücken. Doch er schien mehr Interesse an uns zu haben. Er folgte uns auf wackeligen Beinen und stupste uns dabei mit seinem weichen Maul an die Beine, als wollte er uns etwas sagen. Ich hob ihn hoch und trug ihn zu seiner Mutter zurück. Er war leicht und zart, fast wie ein Stofftier, und ließ alles mit sich geschehen. So konnten wir sein Maul doch an das Euter halten. Und plötzlich schien er zu begreifen, was für einen kleinen Esel das Allerwichtigste auf dieser Welt ist: zu trinken. Vor allem die erste Milch seiner Mutter. Man nennt sie Biestmilch oder Kolostrum. Diese Milch enthält besonders viele Abwehrstoffe und Vitamine. Vorsichtig umfassten seine Lippen die Zitze, und dann begann er zu saugen. Zuerst ganz zaghaft, bald aber immer kräftiger. Er schmatzte laut und stieß mit seinem Maul gegen das Euter, damit der Milchfluss noch stärker wurde.

Lange standen wir bei dem kleinen Esel und sahen zu, wie seine Mutter ihm das Fell weiter trockenleckte, wie er erste Sprünge machte, sich schließlich ins Stroh kuschelte und bald einschlief. Dann erst gingen wir zum Hof zurück, bekamen herrlichen Käse zu Knoblauchbrot, tranken Wein und redeten über den schönsten kleinen Esel auf der ganzen Welt.

«Wäre es nicht wunderbar, wenn wir auf unserem Hof auch so einen kleinen Esel hätten», schwärmte Mona.

«Kommt in einem Jahr zurück», sagte Rosina, die Bäuerin, und lächelte. «Dann könnt ihr ihn haben.»

«Was, den kleinen Esel können wir ...»

Roberto, der Bauer, unterbrach mich: «Dann ist er nicht mehr so klein. Ostern in einem Jahr hat unsere Eselin wieder ein Fohlen und euer Fohlen ist groß genug für die lange Reise.»

Wir waren überglücklich und beschlossen, den kleinen Esel nach seinem jetzigen Besitzer «Roberto» zu nennen. Und Rosina, die Bäuerin, baten wir, in der Umgebung nach einer kleinen «Rosina» Ausschau zu halten, nach einer jungen Eselin für Roberto, damit er später nicht allein die weite Fahrt nach Deutschland würde antreten müssen. Sie versprach, ihr Bestes zu versuchen.

Geliebt und geschunden

Wenige Tage später fuhren Mona und ich wieder nach Hause. Unterwegs überlegten wir, wo überall wir schon Esel gesehen hatten.

Es ist erstaunlich, wie viele Esel es noch gibt, obwohl die Menschen heute doch eher Autos oder Traktoren benutzen und keine Esel, um darauf zu reiten oder Sachen zu schleppen. Trotzdem stirbt der Esel nicht aus. Unser Nachbar Hans Halt zum Beispiel ist Wanderschäfer. Und obwohl er ein großes Geländeauto hat, läuft immer auch ein Esel in seiner Herde mit. Manchmal schleppt der Esel den Zaun für die Schafe, wenn diese nachts irgendwo auf dem Feld eingesperrt werden müssen. Doch meistens lebt er einfach so zwischen den Schafen.

«Was ist ein Schäfer ohne Esel?», sagt Hans immer und lacht dabei. Ich glaube, er hat seinen Esel sehr gern.

In ganz Deutschland gibt es nur noch wenige Esel. Je weiter man nach Norden kommt, umso seltener werden sie. Weiter südlich, jenseits der Alpen, aber gehören sie noch heute zu den wichtigsten Haustieren. In Frankreich zum Beispiel gibt es die riesigen Poitou-Esel, die weltweit größten Esel. Auch in Spanien und Süditalien gibt es Riesenesel. Sie können über einundeinhalb Meter Schulterhöhe haben und sind fast so groß wie ein normales Pferd.

Wir kennen ein Ehepaar in Frankreich, das Poitou-Esel züchtet. Obwohl sie sehr viel Geld für ein reinrassiges Fohlen geboten bekommen, behalten sie die meisten für sich. Sie veranstalten nämlich Familienwanderungen mit Eseln. Kleine Esel tragen das Gepäck, andere die Kinder, und auf den besonders großen und starken reiten die Eltern.

Vor allem die Kinder sind begeistert, weil die Esel, egal ob groß oder klein, so lieb und friedlich sind.

Esel müssen gar nicht mal groß sein, damit sogar Erwachsene auf ihnen reiten können. Auf der griechischen Insel Kreta im Mittelmeer reiten Bauern heute noch auf ihren Zwergeseln, die nicht einmal einen Meter hoch werden. Das sieht seltsam aus, wenn die Füße der Reiter fast auf den Boden reichen und manchmal sogar im Staub hinterherschleifen. Manche Reiter sitzen aber auch quer auf ihrem kleinen Esel und treiben ihn mit einem dicken Stock voran. Das ist dann allerdings kein bisschen lustig, wie die Tiere gequält werden, damit sie ihre schwere Last weiter tragen. Arme Esel!

Es scheint, dass gerade das sanfte Wesen des Esels von vie-

Vorsichtig umfassten seine Lippen
die Zitze, und dann begann er zu
saugen. Zuerst ganz zaghaft, bald
aber immer kräftiger.

len Menschen brutal missbraucht wird. In Nordafrika habe ich Esel gesehen, die ihr Leben lang tagaus, tagein immer im Kreis laufen müssen, um Wasser aus einem Brunnen auf die Felder zu pumpen. Dabei werden sie häufig von kleinen Jungen angetrieben, die sie mit einer großen Peitsche unbarmherzig prügeln, sobald sie auch nur ein wenig langsamer laufen.

Andernorts müssen Esel riesige Lasten tragen, die so schwer sind, dass unter ihnen die Beine einknicken. Trotzdem schlagen die Menschen so lange auf sie ein, bis sie sich mit letzter Kraft aufbäumen und die Last weiter schleppen. Ich habe Esel gesehen, die man in der sengenden Sonne ohne Wasser und Nahrung angebunden hat, bis sie vor Erschöpfung umfielen. Statt ihnen wenigstens jetzt Wasser zu geben, hat man sie aber nur getreten, damit sie wieder aufstehen. Und wenn die Esel trotz aller Schläge nicht mehr aufstehen konnten, ließ man sie einfach in der Hitze liegen, bis sie starben. Bevor sie ganz tot waren, kamen die Geier und die Hunde. Sie hackten auf sie ein, fraßen sie bei lebendigem Leibe. Kein Mensch kam den Eseln zur Hilfe.

«Hör auf», bat Mona. «Ich kann das nicht hören.»

Sie war ganz blass geworden.

«Lass uns lieber über die schönen Erinnerungen mit Eseln reden», sagte sie. «Erinnerst du dich an Kasachstan?»

Natürlich, ich musste an das kleine Dorf weit draußen in der Steppe denken. Kasachstan liegt mitten in Asien, und es ist dort sehr trocken und heiß. Besonders staubig war es gerade in diesem Dorf und sehr einsam. Nur ein paar Häuser in einer riesigen Einöde. In einem der Häuser wohnte eine Familie mit vier Kindern, vier Jungen. Die einzigen Kinder weit und breit.

Sie hatten nur ihre Geschwister als Spielkameraden – und einen Esel. Mit ihm spielten sie jeden Tag immer das gleiche Spiel. Sie setzten sich alle vier auf seinen Rücken, der Kleinste voran, der Älteste und Größte hinten. Dann rannte der Esel los. Ganz tief hielt er seinen Kopf und die Kreise, die er zog, wurden immer enger, bis der erste Junge herunterfiel. Dann machte der Esel einen kleinen Satz, und bald lagen auch der zweite und der dritte Junge lachend auf dem sandigen Boden. Der Letzte aber musste noch eine Ehrenrunde aushalten. Blieb er oben, wurde er zum Sieger erklärt. Fiel auch er herunter, war der Esel der Gewinner, und das Ganze ging von vorne los. Wieder und wieder. Dabei hatte der Esel offenbar genauso viel Spaß wie die Kinder.

Auch uns hat es Spaß gemacht, den Kindern mit ihrem Esel zuzusehen. Hier wurde ein Esel endlich nur aus Freude an dem Tier gehalten und nicht für schwere Arbeiten.

«Wie ein lieber Hund», sagte Mona.

Ich dachte daran, wie viele Gemeinsamkeiten eigentlich Hund und Esel haben.

«Vielleicht haben wir Menschen Hunde und Esel deshalb besonders gern, weil sie geduldiger und treuer sind als andere Tiere», sagte ich nachdenklich.

«Und viel spielen wollen», meinte Mona.

«Genau deshalb verachten und quälen die Menschen sie aber auch.»

«Mag sein», sagte Mona. «Liebe und Hass liegen leider manchmal sehr nahe beieinander.»

«Genau. Ein Tier, das von uns Menschen abhängig ist, wirkt schwach. Viele Menschen können mit dieser ‹Liebe› nicht umgehen. Sie missbrauchen sie und quälen die Tiere.»

«Darum sollen die Esel bei uns nicht arbeiten müssen.» Monas Gesicht hellte sich langsam wieder auf.

«Auch nicht so ein klein bisschen?», warf ich ein. Ich denke eben etwas praktischer als meine Frau.

«Nein», sagte Mona sehr bestimmt. «Joscha muss ja auch nicht arbeiten.»

Joscha ist unser Hund, ein Jagdhund. Viel muss er wirklich nicht tun. Er spielt den ganzen Tag mit den Tieren auf unserem Hof.

«Bei uns sollen die Esel auch nicht arbeiten. Als Wiedergutmachung für alle gequälten Esel auf der Welt.»

Jetzt strahlte Mona: «Früher haben sie uns geholfen. Jetzt helfen wir ihnen.»

Es gibt große und kleine Esel.
Hier ein Fohlen des riesigen Poitou-Esels.

2. Kleine Eselkunde

Als wir wieder zu Hause auf Grillenöd waren, unserem Hof in Niederbayern, begann ich in meinen Büchern zu stöbern, um möglichst viel über Esel herauszubekommen. Ich bin nämlich nicht nur Bauer, sondern auch Zoologe. Das heißt, ich habe auf der Universität Zoologie studiert. Das ist eine Wissenschaft, die sich mit allen Tieren auf dieser Welt befasst. Weil es viele Millionen verschiedener Tiere gibt, ist das manchmal recht verwirrend.

Um eine Ordnung in diese Vielfalt zu bekommen, haben die Zoologen alle Tiere, die man heute kennt, in verschiedene Gruppen unterteilt. Und darum muss jeder Zoologe erst einmal wissen, zu welcher Gruppe das Tier gehört, mit dem er sich gerade beschäftigt. Wie ich zum Beispiel jetzt mit dem Esel.

Von unpaarigen Huftieren und anderen Tiergruppen

Also, die Esel gehören in die Ordnung der Unpaarigen Huftiere. Das hört sich kompliziert an. Ich glaube, ich muss von Anfang an beginnen.

Zuerst einmal unterteilt man die Tiere in verschieden große Gruppen, die man Stämme nennt. Die Würmer zum Beispiel bilden gemeinsam einen Stamm oder alle Weichtiere wie die Schnecken oder die Muscheln. Der größte Stamm sind die

Gliederfüßer. Zu denen gehören die Spinnen, die Krebse und vor allem die vielen verschiedenen Insekten.

Einen weiteren großen Stamm bilden die Tiere, die alle ein Rückgrat haben, die Wirbeltiere. Weil sie ein inneres Skelett besitzen, können sie besonders groß werden. Zu ihnen gehören fünf Klassen: erstens die Fische, dann die Frösche und Lurche, drittens die Reptilien, Schlangen und Krokodile (zu denen früher auch die Riesenechsen, die Saurier, gehörten), dann noch die Vögel und schließlich die Säugetiere.

Vor hundert Millionen Jahren waren die Saurier besonders groß und mächtig. Heute aber sind die Säugetiere die Herrscher der Welt. Allen voran natürlich der Mensch. Er gehört in die Ordnung der Herrentiere, zu denen auch alle Affen zählen. Weitere Ordnungen unter den Säugetieren sind zum Beispiel die Nagetiere, die Wale, die Raubtiere und die Huftiere. Unter den Huftieren gibt es die paarigen und die unpaarigen Huftiere. Und damit sind wir wieder da, wo wir am Anfang waren: bei der Gruppe, zu der die Esel gehören.

Typisch für alle Huftiere ist, wie der Name schon sagt, dass sich ihre Zehen zu Hufen umgebildet haben. Damit können sie vor ihren Feinden besonders schnell flüchten. Huftiere sind Grasfresser und jagen nicht selbst, sondern werden von Raubtieren gejagt. Und deswegen müssen sie eben schnell sein. Es gibt die Paarhufer, die zwei Hufe an jedem Fuß haben. Dazu gehören zum Beispiel Kühe, Schafe, Schweine, Hirsche oder Rehe. Das sind heute weitaus die meisten Huftiere. Und dann gibt es eine kleine Gruppe, die entweder drei Hufe haben, wie die Tapire und die Nashörner, oder nur noch einen Huf, wie die Familie der Pferde. Zu ihr gehören auch die Zebras und die Esel.

Die Familie der Pferde

Alle Tiere, die zur Familie der Pferde gehören, lebten früher in offenen Landschaften, in trockenen und steinigen Steppen und Wüsten. Der Boden ist dort sehr hart – und die Hufe der Tiere sind es auch. Sie haben alle auch besonders lange und schlanke Beine. So können sie sehr schnell laufen und sich durch weite Fluchten vor ihren Feinden, wie Wölfe, Löwen oder Geparden, in Sicherheit bringen.

Sie ernähren sich hauptsächlich von trockenen Gräsern und Sträuchern. Wie alle Huftiere können auch Pferde und Esel diese Kost nicht selbst verdauen. Diese Arbeit erledigen für sie die Bakterien. Sie leben in bestimmten Abschnitten des Magens und zerlegen dort die Pflanzen so, dass sie von den Tieren schließlich verdaut werden können. Die Paarhufer wie Kühe und Schafe haben dafür einen dreiteiligen Magen mit Pansen, Lab- und Blättermagen. Die Pferde und die Esel hin-

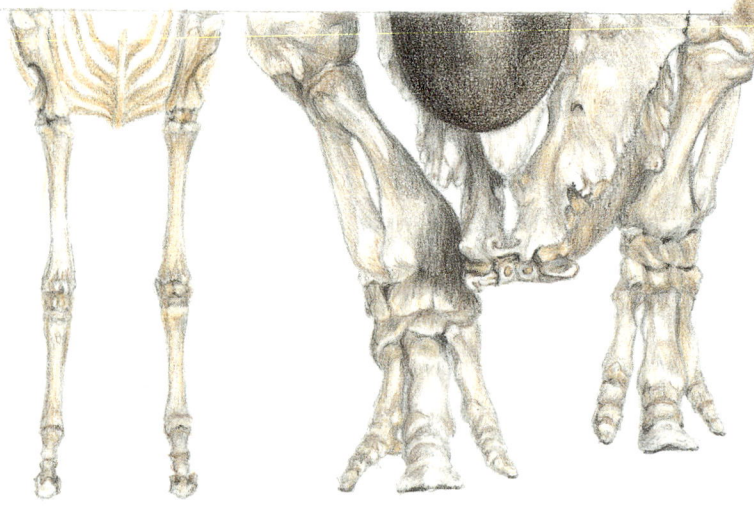

gegen haben einen riesigen Blinddarm, in dem die Bakterien leben und die aufgenommene Nahrung vergären.

In vielen Ländern essen Menschen diese Gärkammern der Huftiere besonders gern. Rinderpansen sind vor allem in Südeuropa eine Delikatesse. Aber wer weiß schon, wie der Blinddarm vom Pferd oder Esel schmeckt? Mona und ich auf jeden Fall.

In Kasachstan, wo man noch viel reitet, aber auch Pferde und Esel schlachtet, sind die Menschen unglaublich gastfreundlich. Immer wieder wurden wir in ihre Jurten zum Essen eingeladen. Jurten sind runde Zelte aus Filz. Als besondere Speise gibt es den leicht fauligen Blinddarm von Pferden oder Eseln – samt Inhalt. Man isst also auch das halb verdaute Gras, oder was das Tier vor seinem Tod sonst gefressen hatte, mit. Am Anfang mussten wir uns sehr überwinden. Wir wollten unsere Gastgeber ja nicht beleidigen. Später hat es uns sogar geschmeckt.

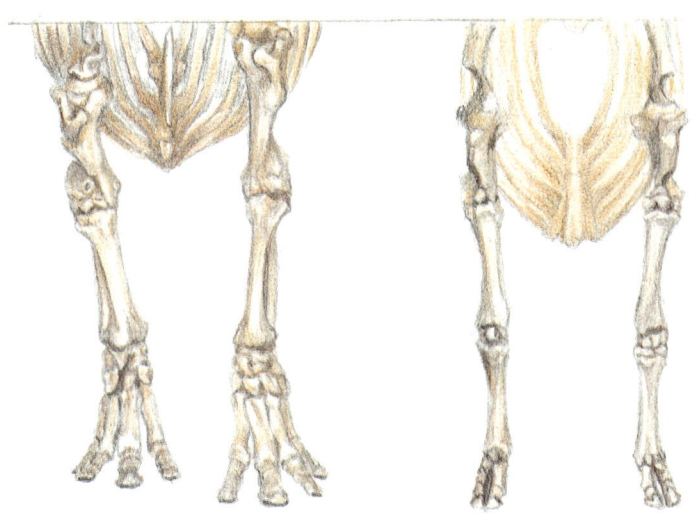

Wildpferde, Zebras und Wildesel

Zurück zur Zoologie und zur Pferdefamilie. Zu ihr gehören sechs Arten, die alle eng miteinander verwandt sind. Da ist zuerst einmal das **Wildpferd**, lateinisch *Equus przewalskii*. Ursprünglich lebte es in den weiten Steppen von Osteuropa bis nach China. In Europa nannte man es Tarpan, im Osten einfach Wildpferd oder Przewalskipferd. So hieß der Forscher, der es als Erster wissenschaftlich beschrieben hat. Heute gibt es keine wilden Pferde mehr in freier Wildbahn. Der Tarpan ist ganz und gar ausgestorben. Vom Przewalskipferd gibt es wenigstens einige Tiere in Zoos und Tierparks. Zum Beispiel im Tierpark Hellabrunn in München. Heute versuchen Zoologen, wieder einige von diesen Tieren in der Mongolei auszuwildern. Es wäre schön, wenn das gelänge. Dann würde eines Tages der wilde Stammvater von allen Hauspferden wieder frei in der Steppe grasen.

Mehr Erfolg im Kampf ums Überleben haben die Zebras gehabt. Alle drei Arten, die **Grévy-Zebras**, die **Bergzebras** und die **Steppenzebras**, leben noch in freier Wildbahn in Afrika. Vor allem das Steppenzebra ist dort noch sehr häufig. Allein in der Serengeti ziehen Hunderttausende von ihnen auf ihren langen Wanderungen über die Savanne.

Die letzte Gruppe in der Familie der Pferde sind die Esel. Davon gibt es zwei Arten. Den echten **Afrikanischen Wildesel**, lateinisch *Equus asinus*, und den **Asiatischen Halbesel**, lateinisch *Equus hemionus*. Der echte Esel stammt aus Afrika, wo es früher mehrere Unterarten gab. Das sind bestimmte Formen einer Art, die in verschiedenen Gegenden etwas anders aussehen. Wenn Tiere verschiedener Unterarten zusammenkommen, paaren sie sich untereinander. Normalerweise tun Tiere unterschiedlicher Arten das nicht. Und wenn doch, sind ihre Jungen meistens unfruchtbar. Die Nachkommen von Kreuzungen zwischen Tieren verschiedener Unterarten dagegen können genauso Junge bekommen wie ihre Eltern.

Bei den Afrikanischen Wildeseln gibt es drei Gruppen oder eben Unterarten. Im Atlasgebirge am Rande des Mittelmeers lebte früher der **Nordafrikanische Wildesel**. Diese Unterart gilt seit langer Zeit als ausgestorben. Allerdings hat man in den letzten Jahren in der Sahara wilde Esel gefunden, die sehr, sehr scheu und etwas größer sind als die dortigen Hausesel. Vielleicht sind das wirklich noch die letzten Nordafrikanischen Wildesel. Wahrscheinlich sind es aber Hausesel, die hier vor langer Zeit verwildert sind und seitdem wie echte Wildesel leben.

Auch die zweite Unterart, den **Nubischen Wildesel**, gibt es in freier Wildbahn nicht mehr. Vielleicht leben noch einige Tiere in Zoos. Allerdings ist man sich da auch nicht sicher. Womöglich haben sie sich nämlich schon häufig mit Haus- eseln gekreuzt. Typisch für die Nubischen Wildesel sind ihre hellgraue Farbe und der dunkle Strich auf ihrem Rücken, der Aalstrich. Außerdem haben Nubische Wildesel auch ein ebenso dunkles Kreuz über der Schulter. Früher lebten sie weit verbreitet in den Wüstengebieten von Ägypten und Sudan. Vermutlich stammen alle Hausesel von dieser Unterart ab. Auch sie haben meistens diesen Aalstrich auf dem Rücken und das Schulterkreuz.

Die dritte Unterart schließlich nennt man den **Somali-Wild- esel**. Diese Tiere stammen aus Somalia in Nordostafrika. Sie sind etwas größer, eher rötlicher gefärbt als die Nubischen

Wildesel, haben wie diese einen Aalstrich, aber kein Schulterkreuz. Dafür haben sie fast zebraähnliche Querstriche an ihren Beinen. Daran kann man sie leicht erkennen. Auch manche Hausesel in Ostafrika haben solche Querstreifen an den Beinen. Vermutlich stammen sie von Kreuzungen zwischen Hauseseln und Somali-Wildeseln ab. Denn früher lebten diese überall in Somalia und Äthiopien und kamen mit den Hauseseln zusammen. Heute gibt es nur noch wenige von ihnen in freier Wildbahn. Nur in entlegenen, steinigen und trockenen Gebirgen leben einige wenige Herden. Sie sind zwar streng geschützt. Aber es sind Kriegsgebiete und die Menschen sind bitter arm. Deswegen jagen sie trotz der Verbote die letzten Esel.

Noch schlimmer ist, dass die Wildesel kein Wasser mehr finden. Sie sind zwar Wüstentiere und brauchen nicht täglich Wasser. Die wenigen Wasserstellen, die es gibt, sind aber inzwischen alle von Menschen mit ihren Haustieren besetzt. Die Wildesel müssen verdursten. Oder sie müssen sich unter die Hausesel mischen. Aber dann gibt es bald keine echten Wildesel mehr in freier Wildbahn. Im Zoo Basel und in einigen anderen Tierparks leben einige echte Somalische Wildesel. Denn im Jahre 1969 konnte man fünf Tiere in Somalia fangen und nach Europa bringen. Drei Jahre später gelang es, einige Tiere in Äthiopien zu fangen und in einen Tierpark nach Israel zu bringen. Beide Gruppen haben sich inzwischen gut eingelebt und tüchtig vermehrt. Deswegen ist der Somali-Wildesel als Unterart nicht unmittelbar von der Ausrottung bedroht. In freier Wildbahn aber gehört der Afrikanische Wildesel zu den am meisten gefährdeten Tierarten auf der ganzen Welt. Wenn es uns nicht gelingt, den natürlichen Lebensraum des Esels zu erhalten, wird es bald keine Wildesel mehr in Freiheit geben.

Am liebsten würde ich sofort nach Somalia fahren, um mitzuhelfen, die letzten Tiere zu schützen. Aber was nützt das, wenn die einheimische Bevölkerung nicht mitmacht.

Die Halbesel

Damit es noch komplizierter wird, muss ich auch die zweite Art unter den Eseln erwähnen, den **Asiatischen Halbesel** *(Equus hemionus)*. Diese Esel leben in den Steppen- und Wüstengebieten in ganz Asien. Einerseits ähneln sie dem

Die einzige Unterart bei den Afrikanischen Wildeseln, die in freier Wildbahn überlebt hat, ist der Somali-Wildesel.

Der Kulan gehört zu den Asiatischen Halbeseln und lebt in den riesigen Steppen Kasachstans.

Afrikanischen Wildesel, andererseits aber auch ein bisschen dem Wildpferd. Deswegen nennt man sie auch Pferdeesel. Da sie ein riesiges Verbreitungsgebiet haben, gibt es von ihnen auch viele Unterarten.

In Persien nennt man sie Onager, in Kasachstan Kulan, in der Mongolei Dschiggetai, in Indien Khur und in Tibet und China Kiang. Untereinander paaren sie sich alle. Nicht aber mit den echten Eseln aus Afrika. Darum sind die Asiatischen Wildesel eben eine andere, eine eigenständige Art.

Maulesel und Maultier

Auch die anderen Pferdearten kreuzen sich in freier Wildbahn nicht. In Gefangenschaft aber kann man alle miteinander paaren. So gibt es zum Beispiel Kreuzungen zwischen Zebras und Pferden. Man nennt sie Pferdezebroide. Die Kreuzung zwischen Zebras und Eseln heißt Eselzebroide. Auch die beiden Eselarten, die echten Esel und die Halbesel, lassen sich in Gefangenschaft kreuzen. Allerdings nur, wenn man die Tiere dazu zwingt, indem man sie lange Zeit zusammen in einem Gehege hält.

Nur Hauspferde und Hausesel kreuzen sich freiwillig. Ursprünglich geschah so etwas vermutlich unabsichtlich. Zum Beispiel, wenn Händler und Nomaden mit ihren Pferden in Gebiete kamen, in denen Bauern lebten, die Esel für ihre Arbeit nutzten. Vor allem die Eselhengste sind nicht wählerisch, wenn sie eine rossige Stute riechen. (Rossig bedeutet, dass die Stute paarungsbereit ist.) Egal ob Pferd oder Esel, wenn eine Stute gedeckt werden kann, ist der Eselhengst schnell dabei.

Die Nachkommen einer solchen Kreuzung heißen dann **Maultiere**. Umgekehrt lassen sich rossige Eselstuten nur ungern von einem Pferdehengst decken. Wenn dies trotzdem geschieht, nennt man diese Fohlen **Maulesel**.

Egal ob Maultier oder Maulesel, alle diese Nachkommen zwischen Pferd und Esel sind unfruchtbar. Sie können also selber keine Fohlen zeugen. Trotzdem züchtet man sie seit vielen tausend Jahren immer wieder. Vor allem Maultiere. Denn man erkannte bald, dass diese Tiere die guten Eigenschaften beider Eltern erben. Vom Pferd erben sie Größe und Stärke, vom Esel ihr ausdauerndes und anspruchsloses Wesen. Sie sind viel weniger scheu und ängstlich als Pferde und zugleich nicht so stur wie Esel. Also eine ideale Mischung. Seit der Zeit der Römer sind sie auf der ganzen Welt wichtige Lastenträger des Menschen. So ritten auch die europäischen Einwanderer nach Nordamerika nicht immer nur auf Pferden gen Westen, wie man es in den vielen Western sieht, sondern meistens auf Maultieren und Mauleseln.

Sogar Kaiser Napoleon ritt nicht auf einem stolzen Schimmel über die Alpen, wie auf Gemälden oft dargestellt wird, sondern auf einer trittsicheren und ruhigen Maultierstute. Noch heute werden Maultiere und Maulesel überall dort gezüchtet, wo man sie für schwere Arbeiten braucht, für die Pferde zu anspruchsvoll und Esel zu klein sind.

Links ein Maulesel; Mutter: Esel, Vater: Pferd

Rechts ein Maultier; Mutter: Pferd, Vater: Esel

3. Stürmische Liebe

Ein Jahr geht schnell vorbei. Aus der Toscana bekamen wir lauter gute Nachrichten vom kleinen Roberto. Er entwickle sich gut, hieß es, er sei verspielt und lieb. Wir freuten uns schon so auf Ostern. Dann wollten wir ihn ja endlich abholen. Nur was eine Rosina betraf, waren die Nachrichten enttäuschend. Die Bäuerin fand einfach keine geeignete Stute für Roberto. Seine Eltern sind Zwergesel von Sardinien. Das ist eine große italienische Insel im Mittelmeer, wo es noch viele Esel gibt. In der Toscana aber finden sich nur noch wenige. Dass ausgerechnet jetzt dort eine junge sardische Eselstute aufzufinden wäre, war sehr unwahrscheinlich.

Ausgerechnet am Tag unserer Abfahrt kam die gute Nachricht: Rosina, die Bäuerin, hatte endlich doch eine Eselstute gefunden. Es sei zwar nicht sicher, dass sie auch zu verkaufen sei, aber wir sollten es mal versuchen. Die kleine Stute sei ebenfalls ein Jahr alt und sähe Roberto sehr ähnlich. Nur die Besitzerin sei etwas seltsam, eine Amerikanerin, erzählte Rosina am Telefon.

Gespannt fuhren wir mit unserem Anhänger, den wir sonst für die Schafe benutzen, in Richtung Süden los. Am Abend kamen wir auf Robertos Hof an. Es gab eine herzliche Begrüßung, gleich darauf eine Eselsbesichtigung. Roberto, unser kleiner Esel, stand inmitten vieler Tiere – Esel, Pferde, Rinder und Schafe – und war immer noch so freundlich, wie wir ihn in Erinnerung hatten. Natürlich war er viel größer geworden.

Sein Kopf war auch nicht mehr ganz so wuschelig wie vor einem Jahr. Aber die Ohren wirkten fast noch länger und in den Augen lag immer noch dieser Blick sanfter Ruhe. Er war überhaupt nicht scheu, sondern stupste uns zur Begrüßung in den Bauch. Es war auch Liebe auf den zweiten Blick.

Rosina

Was aber war mit Rosina los oder besser mit ihrer Besitzerin? Am nächsten Tag waren wir verabredet. Wir fanden den verschlungenen Weg durch den Wald bis an ein einsames Haus. Die Amerikanerin war gar nicht schrullig – zuerst jedenfalls. Sie sagte, wir sollten sie einfach Jane nennen, und dann zeigte sie uns ihre drei Esel: einen schönen Hengst, eine winzig kleine Stute und «Kleopatra», das Stutfohlen. War das süß! Sie sah Roberto wirklich sehr ähnlich. Nur war sie kleiner und ihr Fell etwas grauer. Außerdem war sie überraschend scheu. Jane erzählte zwar, dass sie tagtäglich mit ihrem «small little darling», wie sie Kleopatra nannte, spielen würde. Aber vom Verhalten her wirkte das Stutfohlen eher etwas vernachlässigt.

Trotzdem gefiel sie uns sehr gut. Sie war die ideale Partnerin für Roberto. Doch als wir Jane dann fragten, ob wir ihr das Fohlen abkaufen könnten, brach blankes Entsetzen aus. «Was, my small little darling mir wegnehmen?» Nie und nimmer würde sie das zulassen. Sie begann zu heulen, dann zu schimpfen, schließlich uns auszufragen, ob wir ihren Esel überhaupt richtig behandeln würden, da oben im fernen Germany. Zwischen all dem Gezeter nannte sie uns aber auch den Preis. Der war ziemlich gesalzen für so ein kleines Tier. Aber jetzt wussten wir wenigstens, es war nur eine Frage der Zeit, bis sie einwilligen würde. Es schien auch, dass Jane gar nicht genügend Weide um ihr Haus hatte, um mehr als zwei Esel zu halten. Schon für die zwei Elterntiere war der Platz eigentlich zu klein.

Kurz und gut, wir fuhren einige Tage zu Jane, fütterten die Esel, misteten den Stall aus, luden Jane zum Essen ein, und endlich war sie mit dem Verkauf einverstanden.

Schon am nächsten Morgen luden wir Roberto in den Hänger. Er ging mit uns am Strick, als hätte er schon immer auf uns gewartet. Dann verabschiedeten wir uns von unseren lieben Gastgebern und fuhren hinauf zum einsamen Haus im Wald. Wir bezahlten den stolzen Preis und gingen in den Stall, um die Eselin abzuholen.

Doch das war einfacher gesagt als getan. Die Kleine ließ sich einfach nicht fangen. Sie biss um sich, schlug hinten und vorn aus und benahm sich alles andere als sanftmütig. Eher stur wie eben ein Esel. Schließlich konnte ich sie aber in eine Ecke des Stalls treiben und mich ihr um den Hals werfen, während Mona sie mit aller Kraft hinten gegen die Wand drückte. Rosina bäumte sich auf, wir drückten sie nach unten und Jane schrie: «Ihr werdet my small little darling wohl nicht etwa Rosina nennen!» Das war ein tolles Durcheinander. Es gelang mir, einen Strick um Rosinas Hals zu legen. Dann ließen wir sie wieder los.

Was für eine Kraft so ein kleiner Esel hat! Und was für eine Ausdauer. Ich zog, Mona schubste von hinten, die Eselin wehrte sich und Jane schrie immer noch. Mal sollten wir ihrer Meinung nach kräftiger ziehen, mal wieder nicht so fest.

Kleine Eselfohlen sind zart – und sehr verspielt.

Wenn sie keinen gleichaltrigen Spielkameraden haben, muss eben die Mutter herhalten.

Denn die lässt alles mit sich geschehen. Sie steht einfach nur da,

während das Fohlen immer wieder an ihr hochspringt, sie ins Fell beißt oder ins Ohr.

So erfahren die Eselfohlen, wie sie sich gegen andere Esel verhalten müssen

und in der Familie.

Sie müssen eben sehr viel lernen, und wie die meisten Tier- und Menschenkinder

tun sie das hauptsächlich im Spiel.

Trotzdem zogen wir ihre Kleopatra, unsere Rosina, Meter um Meter in Richtung Anhänger. Die Kleine konnte kaum noch schnaufen, so erschöpft war sie. Aber aufgeben, nein, das wollte sie auch nicht. Sie kämpfte um jeden Meter. Allmählich hatten wir Bedenken, ob das, was wir hier taten, richtig war. Jane beschimpfte uns immer kräftiger und bejammerte ihr «small little darling». Als wir ihr entnervt anboten, den Handel rückgängig zu machen, lehnte sie das aber genauso entsetzt ab, wie sie uns vorher Tierquäler gescholten hatte. Sie war wirklich sehr durcheinander. Also zerrten wir an dem kleinen Esel weiter. Das arme Tier! Es blieb Rosina nichts anderes übrig, als sich Stück für Stück vom Stall mit Mutter und Vater zu entfernen. Wir fühlten uns richtig schäbig.

Da ertönte auf einmal aus dem Inneren des Anhängers ein leises «Iaaah, iaaah». Rosina blieb stehen und horchte. Schnell machte Mona die Klappe des Anhängers auf, und Roberto erschien, der junge, strahlende Eselhengst.

Was dann geschah, muss man selbst gesehen haben. Wenn es zwischen uns und Roberto schon Liebe auf den ersten Blick war, was war dann erst zwischen Roberto und Rosina! Stürmische Liebe. Roberto stürzte sich auf Rosina und Rosina auf Roberto. Sie stemmten sich gegeneinander, wieherten fröhlich, umkreisten sich und waren vor Begeisterung nicht zu bändigen.

Doch das war auch nicht mehr nötig. Ich nahm Roberto an dem langen Strick und führte ihn langsam zurück ins tiefe Stroh auf den Anhänger. Rosina wehrte sich nicht einen Augenblick mehr. Sie folgte Roberto auf Schritt und Tritt, als hätte sie ihr Leben lang nur auf ihn gewartet. Kein Blick mehr in Richtung Stall und Eltern. Kein Widerstand mehr gegen uns. Sie sah nur noch Roberto. Wir schlossen die Luke und stürzten ins Auto.

«Schnell», flüsterte Mona, «fahr los, bevor Jane es sich anders überlegt!»

Aber Jane stand jetzt sogar lachend da und rief: «Behütet mir ja my small little darling!»

Dann fuhren wir endlich mit unseren beiden Eselfohlen los.

Ein Liebespaar auf dem Marktplatz

Schon wenige hundert Meter weiter, außer Sichtweite von Jane, hielten wir an und schauten in den Anhänger. Dort standen Rosina und Roberto, eng aneinander geschmiegt, als würden sie sich schon immer kennen.

Roberto stand etwas nach vorne gestellt und Rosina hinter seinem Rücken. Sie war kleiner als Roberto und konnte sich hinter ihm verstecken. Als wir ihnen etwas Hafer anboten, kam Roberto zu uns. Da wusste Rosina nicht, was sie machen sollte. Offensichtlich war sie nicht gewohnt, Futter von Menschen zu bekommen. Aber allein, ohne ihren Roberto, wollte sie auch nicht bleiben. Sie lief unruhig auf und ab. Da ging Roberto zu seiner neuen Freundin zurück und ließ uns mit unserem Hafer stehen.

Beruhigt gingen wir auf die große Reise. Damit die beiden Esel vor lauter Hin- und Herwackeln im Anhänger sich nicht zu sehr ermüden sollten, hielten wir alle Stunde am Straßenrand an und führten sie zum Grasen. Das heißt, wir führten Roberto aus dem Hänger hinaus. Rosina lief ihm sofort nach, aus dem Wagen genauso leicht wie wieder in den Wagen hinein. Das erste frische Gras in diesem Jahr kam heraus. Es war Frühling und herrlich mild. Wir waren glücklich.

Als wir später am Abend in eine kleine italienische Stadt fuhren, um noch etwas für uns zu essen einzukaufen, ließen wir das Auto mit dem Anhänger auf dem Marktplatz für ein paar Minuten allein zurück. Als wir durch die laue Luft zum Marktplatz zurückgingen, erkannten wir schon von weitem eine Menschenmenge. Um den Anhänger herum standen viele Leute, junge und alte, und schauten auf unsere Esel. Vielleicht hatte Roberto uns vermisst. Er hatte in unserer Abwesenheit immer wieder gewiehert. Dadurch waren die vielen Menschen auf dem Platz neugierig geworden.

«Qui bella», riefen sie aus und versuchten die Esel, die so eng und zärtlich beieinander standen, zu streicheln.

«Ein richtiges Liebespaar», sagte eine alte Frau.

«Duo», rief eine zweite und schaute uns verstohlen an. Kinder lachten, Roberto wieherte, es war wunderschön.

Erst früh am nächsten Morgen sind wir auf Grillenöd angekommen. Wir gaben den Eseln frisches Wasser und Heu und legten uns erst mal hin. Vor der Begegnung der Esel mit den anderen Tieren auf dem Hof wollten wir ein wenig schlafen.

Bei Roberto und Rosina war es stürmische Liebe
auf den ersten Blick.

4. Die Esel auf Grillenöd

Viel Schlaf bekamen wir nicht. Roberto weckte uns bald wieder auf. Er wieherte so laut, dass wir einfach nicht länger im Bett bleiben konnten. Als wir in den Anhänger stiegen, freute er sich richtig über unser Wiedersehen. Er stupste uns mit seinem Maul und ließ sich ausführlich kraulen. Rosina allerdings hielt noch respektvoll Abstand.

Wir klappten die Tür auf und gingen mit ihnen zum Stall hinunter – ohne Führleine. Roberto folgte uns und Rosina lief Roberto hinterher. Toll war das.

Als wir zum Stall kamen, warteten die Pferde schon im Auslauf. In Deutschland war noch kein Frühling. Oben am Waldrand lagen letzte Schneereste und rings um den Stall war alles matschig. Deswegen waren die Tiere nicht auf der Weide. Hans – er versorgt unsere Tiere, wenn wir unterwegs sind – hatte alle im Auslauf um den Stall eingesperrt. Auf der Weide hätten sie schnell die ganzen Wiesen in einen Sumpf verwandelt. Die Kühe standen wie üblich an der Futterraufe und fraßen. Die Schafe lagen im Stall und warteten auf ihre morgendliche Portion Kraftfutter. Die Hähne schmetterten ihr ewiges Kikeriki in die Welt. Und die Gänse machten lange Hälse, als sie uns mit den Eseln kommen sahen. Auch Mirka und Murka waren da, unsere beiden Katzen, und unser Hund Joscha natürlich auch. Sogar die beiden Pfauen hatten sich zum Empfang in den Stall begeben. Eine festliche Begrüßung war das!

Zuerst war Roberto etwas unsicher. Aber dann trappelte er

zu den Pferden und man beroch sich über den Zaun hinweg in aller Ausführlichkeit. In der Zwischenzeit hatte Mona das Tor aufgemacht. Wir gingen hinein und Roberto lief uns wie selbstverständlich nach. Nur Rosina zögerte. Aber als Roberto in der Traube der Pferde, die ihn umringten, zu verschwinden drohte, kam auch sie mit und wurde ebenfalls von allen Tieren genau beschnuppert. Sogar die Kühe hörten kurz mit dem Fressen auf und kamen dazu. Die Schafe waren sowieso schon da. Denn für sie gilt es immer, den besten Platz zu besetzen, wenn Mona oder ich in den Stall kommen. Sie umringen uns dann auf engstem Raum und warten auf den Hafer. Jetzt aber standen auch sie um Roberto und Rosina und prüften den noch fremden Geruch.

Erstaunlich, wie ruhig die beiden Esel diese ganze Aufwartung über sich ergehen ließen. Sie standen einfach nur da, eng aneinander geschmiegt, und warteten, bis alle Tiere mit ihrer Begrüßung fertig waren. Als es dann so weit war und alle zum üblichen Wettkampf um die besten Plätze für die morgendliche Hafergabe übergingen, schlüpften die beiden Esel unter dem Zaun hinweg und begutachteten den Stall.

«Hoppla», dachte ich, «die können sich aber klein machen.»

«Hast du das gesehen?», fragte Mona besorgt. «Ob die untere Stange der Zäune tief genug sitzt?»

Zäune, Zäune

Natürlich waren unsere Zäune nicht tief genug. Während die Esel in aller Ruhe den Stall untersuchten, misteten wir aus, fütterten die anderen Tiere und wollten frühstücken. Kaum

saßen wir am Tisch, blickten zwei Esel von der Terrasse aus durchs Fenster. Das konnte ja noch lustig werden! Ich führte die beiden wieder hinunter zum Stall und sperrte sie in die Box der Schafe. Hier sind die unteren Stangen nämlich tiefer angebracht als in den anderen Boxen. Kaum saß ich erneut am Frühstückstisch, waren die Esel schon wieder da. Fehlte nur noch, dass sie an unserem Tisch Platz nehmen wollten.

An diesem ersten Tag ließen wir Roberto und Rosina schließlich laufen, wohin sie wollten. Sie untersuchten den ganzen Hof, blieben aber immer auf unserem Grundstück. So, als ob sie die Grenzen ihres neuen Reiches schon immer gekannt hätten. Erst am nächsten Tag begann ich, die Zäune eselsicher umzubauen. Doch es war sinnlos. Was bei Pferden an Zäunen nicht hoch genug sein kann, muss bei Eseln niedrig sein. Sie sind unglaublich gelenkig und schlüpfen unter jeder Zaunstange hindurch. Dabei knicken sie die Vorderbeine ein, zwängen Kopf und Vorderkörper unter die Stange, machen einen geschmeidigen Bogen mit ihrem Rückgrat, ziehen die Hinterbeine nach und haben es geschafft.

Immer wenn ich einen Abschnitt vom neuen Zaun fertig hatte, fand ich deshalb Roberto und Rosina irgendwo anders. Auf jeden Fall aber nicht *hinter* dem Zaun. So beließ ich es bald bei diesem vergeblichen Versuch, unsere Weidezäune eselsicher zu machen. Sie sind es einfach nicht.

Roberto und Rosina leben seitdem nahezu frei auf dem Hof. Nur in Monas Blumengarten dürfen sie nicht hinein. Und in den Gemüsegarten auch nicht. Aber die Zäune wurden von Anfang an huhn-, gänse- und entensicher gebaut. Darum zwängt sich auch der geschickteste kleine Esel nicht unten durch.

Sonst aber können die Esel laufen, wohin sie wollen. Was sie aber kaum tun, denn bald hatten sie sich den Pferden angeschlossen. Wo die sind, sind auch die Esel nicht weit. Und wenn sie doch einmal eigene Wege gehen und zum Beispiel in unserem Garten um das Wohnhaus weiden, machen sie kaum Schaden. Ganz anders als die Pferde oder die Kühe. Ganz zu schweigen von den Schafen. Wenn die in den Garten kommen, fressen sie mit Vorliebe die schönsten Rosenbüsche kahl, entrinden die besten Obstbäume, schmeißen Tische um, trampeln alles nieder, reißen die Wäsche von der Leine oder treiben sonst Unfug.

Nicht so die Esel. Die sind so vorsichtig, dass kaum etwas passiert. Außerdem bevorzugen sie gerade die Pflanzen, von denen wir gern weniger hätten. Brennnesseln zum Beispiel oder Disteln. Die Esel fressen beides mit Appetit und wir haben genug davon. Sie fressen sogar den Ampfer, ein Unkraut, das kein anderes Tier sonst auch nur anschaut oder gar fressen würde.

Weil Roberto und Rosina sich so geschickt unter jedem Zaun hindurchzwängen können, haben wir auch im Stall für sie keine eigene Box eingerichtet. Sie gehen ja sowieso, wohin sie wollen. Mal schlafen sie bei den Schafen, mal bei den Rindern, mal bei den Pferden. Am liebsten aber schlafen sie in der Box, wo die großen Strohbündel liegen. Dort ist es besonders weich und kuschelig. Manchmal bekommen sie von den beiden Shetlandfohlen Besuch. Da hat sich eine richtige Freundschaft entwickelt. Nur mit der Mutter der Fohlen, Flecki, haben sie Probleme. Die vertreibt sie immer von der besten Stelle an der Futterraufe. Aber wer hat nicht Probleme mit Flecki! Ich glaube, sie ist das eigensinnigste Pony auf der ganzen Welt, ein kleiner Hoftyrann.

Eselsgeduld

Auch die anderen Tiere streiten sich mal. Vor allem, wenn es ums Fressen geht. Nur die Esel streiten sich nie. Mit keinem Tier im Stall. Nicht einmal mit den Gänsen, die manchmal wirklich frech sind. Roberto und Rosina stehen einfach nur da und warten, dass auch sie mal an die Reihe kommen. Lassen die anderen Tiere sie zum Beispiel an die Raufe, fressen sie ganz ruhig. Werden sie weggescheucht, gehen sie ein paar Schritte zur Seite und warten. Eselsgeduld!

Manchmal könnte man daher glauben, Esel hätten kein Temperament. Aber das ist falsch. Immer wieder, wenn wir die Tiere für eine Weile in den Stall gesperrt haben, weil es schlechtes Wetter ist, wir ihnen die Hufe geschnitten oder besonderes Futter gereicht haben, toben sie alle wieder hinaus. Die Schafe springen im Kreis vor Freude, die Rinder rasen mit den Schwänzen in der Höhe herum und die Pferde jagen in wildem Galopp die Hügel hinauf und hinunter. Nur die Esel traben zuerst langsam ins Grüne, schnüffeln mal hier, mal da. Plötzlich aber rennen auch sie wie die Wilden los. Sie halten dabei ihre Köpfe ganz tief. Das unterscheidet sie von den Pferden. Die halten die Köpfe in solchen Situationen immer hoch und springen dabei, ja tanzen manchmal geradezu mit hoch gestelltem Schweif auf steifen Beinen. Nicht so die Esel. Sie flitzen wieselschnell mit tief geneigten Köpfen über die Koppel. Das sieht immer sehr komisch aus, wie sie in voller Fahrt kurz hinter- oder nebeneinander so daherrennen und mal das eine, mal das andere Bein nach hinten oder zur Seite ausschlagen. Sie legen die Ohren dabei ganz zurück und es sieht wirklich so aus, als ob sie lachen würden.

Ja, Esel können sich richtig freuen. Ich glaube zum Beispiel, dass sie sich freuen, wenn ich morgens in den Stall oder auf die Koppel komme. Jedes Mal wiehert Roberto laut sein «Iaaah» und kommt mit Rosina im Schlepptau angetrappelt. Auch die anderen Tiere kommen heran. Denn sie erwarten, dass es etwas Gutes zu fressen gibt. Mal ein Stück Apfel, mal ein bisschen Hafer, mal dies, mal das. Sie sind alle ziemlich verfressen. Nur bei den Eseln denke ich, dass sie nicht nur wegen der Naschereien kommen. Auch wenn ich lange Zeit nichts mitgebracht habe und die Pferde sich darum gar nicht erst um mich

kümmern, kommen die Esel trotzdem. Sie stehen dann einfach nur da, stupsen mich mal sanft und lassen sich kraulen.
Rosina ist längst nicht mehr so scheu wie am Anfang. So anhänglich wie Roberto wird sie aber wohl nie werden. Nur an
ihm hängt sie unerschütterlich und folgt dann auch mir bei der
Arbeit im Stall oder wenn ich im Sommer über die Koppeln
gehe. Immer habe ich zwei zärtliche Esel im Schlepptau.
Schön ist das.

Esel und Hunde

Wie es sich für einen Hund gehört, ist Joscha natürlich auch
immer dabei. Dass die Esel mir aber überallhin folgen, ist ungewöhnlich. Pferde sind nicht so, Schafe und Kühe auch nicht.

So klein war Roberto,
als wir ihn zum ersten Mal in der Toscana sahen.

Sie sind alle neugierig, das stimmt. Aber anhänglich sind sie nicht. Das sind nur die Esel und der Hund.

Esel und Hunde haben wirklich vieles gemeinsam, auch wenn sie Freude oder Wut völlig anders ausdrücken. Wenn Hunde böse werden, blecken sie ihre Zähne und knurren, während Esel die Ohren nach hinten legen. Wenn sie umgekehrt einen Menschen sehen, den sie mögen, bellen die Hunde vor freudiger Aufregung, Esel rufen ihr «Iaaaah». Hunde rennen den Menschen entgegen, Esel kommen eher angetrappelt. Hunde wedeln mit dem Schwanz, wenn sie sich freuen, Esel schubsen dich mit ihrem weichen Maul. Jeder hat seine Sprache. Doch beide, Hund und Esel, sind eng an ihre Menschen gebunden. Sie wollen in ihrer Nähe sein. Wenn man es mit ihnen richtig macht, können sie beide auch recht gehorsam sein. Beide arbeiten dann gern für den Menschen. Und beide sind sie sehr treu.

Esel und Kinder

Und kinderlieb sind sie. Zumindest unser Hund ist es – und die Esel sind es auch. Wegen Roberto und Rosina besuchen uns viele Kinder. Es ist rührend, mit anzusehen, wie behutsam die Esel mit ihnen umgehen. Wir können die Kinder sorglos mit ihnen alleine lassen. Mit Flecki, dem Shetlandpony, ist das unmöglich. Flecki legt die Ohren zurück, wenn ein Kind auch nur in ihre Nähe kommt. Sie mag einfach keine Kinder. Ganz anders die Esel. Kinder können auf ihnen herumtoben, sie am Schwanz oder am Fell ziehen – die Esel machen nichts. Sie mögen es nur nicht, wenn man sie an den Ohren zieht.

Ein Kind, das unsere Esel besonders gern hat, ist Sissi. Manchmal sitzt sie stundenlang einfach auf Robertos Rücken und träumt. Roberto steht dann ganz still allein auf der Koppel. Denn sogar Rosina ist es langweilig geworden und sie ist mit den Pferden weitergezogen. Nur Roberto steht da wie eine Statue und wartet, dass Sissi wieder aus ihren Träumereien aufwacht.

Wenn Sissi und die anderen Kinder für uns beim Nachbarn Milch holen, kommen auch die Esel mit. Oder sie warten am Ufer, wenn die Kinder im Teich baden. Sissi hat schon versucht, Roberto mit ins Wasser zu ziehen. Aber so weit geht seine Liebe dann doch nicht. Schließlich stammt er ja von Wüstentieren ab. Wenn die Kinder aber im Wald Blaubeeren pflücken, geht er mit. Rosina natürlich auch. Beide versuchen dann, auch ein paar Beeren zu erwischen. Meistens stehen sie aber nur in der Nähe und schauen neugierig zu, wie die Kinder schlemmen. Und immer bekommen sie auch die eine und andere Hand voll Beeren geschenkt.

Vor wenigen Tagen ging Mona abends allein in den Stall. Draußen war es kalt und ungemütlich, richtiges Herbstwetter. Im Stall war es warm und schön. Die meisten Tiere lagen schon satt in ihren Boxen. Nur die großen Pferde fraßen noch an ihrer Raufe. Die Esel aber schliefen bereits, tief ins Stroh gekuschelt. Mona legte sich zu ihnen, den Kopf auf Robertos Bauch. Da legte Roberto seinen Kopf auf Monas Arm und ließ sich streicheln. Er lag ganz ruhig da und bewegte sich nicht, solange Mona auch still lag. Sie ist fast eingeschlafen, so gemütlich war das.

Am nächsten Tag hat Mona Sissi und den anderen Kindern

erzählt, wie schön es bei den Eseln im Stroh war. Seitdem wollen alle auch mal eine Nacht bei den Eseln verbringen. Sie streiten sich schon, wer bei Roberto und wer bei Rosina schlafen darf. Und sie stellen sich vor, wie die Esel sich ein bisschen einrollen und jeder von ihnen ein Bett zwischen den Beinen der Esel bekommt: zwei bei Roberto und zwei bei Rosina. Mal wollen sie die Esel als Kopfkissen benutzen, mal sollen die Esel aber auch ihre Köpfe auf die Bäuche der Kinder legen dürfen. Und sie wollen das sanfte Maul der Esel so lange streicheln, bis entweder sie, die Esel oder alle zusammen eingeschlafen sind.

Manchmal denke ich, wie traurig es ist, dass nicht mehr Kinder auf dieser Welt einen Esel als Freund haben.

In Ostafrika haben viele Hausesel Querstreifen an den Beinen. Das zeigt, dass hier vermutlich immer wieder Somali-Wildesel eingekreuzt wurden.

5. Wilde Esel

«Auch der dümmste Esel ist nicht so dumm wie das schlauste Pferd», hat ein Freund von mir mal in einem Buch geschrieben und deshalb viele böse Worte von Pferdeliebhabern zu hören bekommen. Wenn wir aber sagen: «Du dummer Esel», nimmt das nur der übel, der Esel geschimpft wird. Esel haben eben keine Lobby wie die Pferde. Dabei kann man gar nicht sagen, dass Esel schlauer oder dümmer sind als andere Tiere. Sie verhalten sich einfach so, wie sie es von ihren wilden Vorfahren übernommen haben. Um das Verhalten der Hausesel besser zu verstehen, sollten wir also das Verhalten der wilden Esel in Afrika betrachten. Vielleicht finden wir dann heraus, ob sie nun schlau oder dumm sind.

Steppen- und Wüstenbewohner

Leider gibt es ja nur noch wenige Wildesel in freier Wildbahn. Sie gehören alle zur Unterart der Somali-Wildesel und leben versteckt in steinigen und trockenen Fels- und Gebirgsregionen in Somalia und Äthiopien. Mit ihren harten Hufen können sie dabei hervorragend klettern. Sie sind unglaublich geschickt und ungewöhnlich mutig. So flüchten die Eselstuten bei Gefahr mit ihren Fohlen manchmal fast senkrechte Schluchten hinunter oder in steile Hänge hinein, wohin ihnen kein anderes Tier folgen kann.

Weil sie so geschickt sind, brauchen sie bei drohender Gefahr auch nicht weit zu flüchten, wie zum Beispiel Pferde oder Zebras in der offenen Steppe. Sie können in aller Ruhe von einem Beobachtungsposten aus die Lage genau beobachten, um dann überlegt zu handeln. Bei sengender Hitze ist das von großem Vorteil. Nachts ziehen sie sich sowieso in unzugängliche Regionen zurück, wo sie weitgehend sicher sind. Es scheint so, dass Esel gut an ihren ungewöhnlich harten Lebensraum angepasst sind.

Wäre da nicht die Sache mit dem Wasser. Ernähren können sich die Esel von den trockensten und stacheligsten Wüstenpflanzen. Da stellen sie kaum Ansprüche. Alle Tiere, die man in der letzten Zeit in freier Wildbahn in Afrika gesehen hat, machten trotz Dürre einen gut ernährten Eindruck. Sie können eben in die entlegensten Gebiete vordringen, um noch etwas zu fressen zu finden. Wasser aber gibt es nicht oben im Gebirge, sondern nur unten in den Tälern. Und da sie ab und zu doch trinken müssen, sind sie gezwungen, ihre sicheren Verstecke im Gebirge zu verlassen. Gemeinsam ziehen sie zu den bekannten Wasserquellen am Fuße der Berge. Wie ihre Vorfahren das seit Urgedenken auch gemacht haben. Oft sind die Quellen jetzt aber eingezäunt. Oder die Hirten umlagern sie mit ihren Haustieren. Einige von ihnen haben sogar Gewehre. Da trauen sich die scheuen Wildesel nicht mehr, näher zu kommen. Sie ziehen weiter und suchen anderswo nach Wasser. Wenn sie keine andere Quelle finden, müssen viele unterwegs verdursten.

Wildesel leben in Gruppen

Meistens leben Esel in kleinen Gruppen mit einer alten, erfahrenen Stute als Leittier. Manchmal gesellt sich auch ein Hengst zur Gruppe. Meistens aber bleiben die Stuten mit ihren Fohlen unter sich. Dafür besetzen alte Hengste ein Revier, das sie gegen fremde Hengste verteidigen. Verschlägt es eine Stutengruppe in solch ein Hengstrevier, wird sie vorübergehend die Gruppe dieses Hengstes. Bis die Stuten weiterziehen und den Hengst wieder allein lassen.

Die Tragezeit der Stuten beträgt wie beim Pferd elf bis zwölf Monate. Die Eselfohlen wachsen allerdings viel schneller heran als Pferdefohlen. Schon mit zwei Jahren ist ein junger Esel nahezu ausgewachsen. Ist es eine Stute, wird sie bald von einem Hengst gedeckt und bekommt dann selbst ein Fohlen. Meistens bleibt es in der Herde der Mutter. Ein junger Hengst hingegen geht eigene Wege und schließt sich mit anderen gleichaltrigen Hengsten zu einer Hengstgruppe zusammen. Erst wenn er älter und erfahrener ist, besetzt er ein Revier irgendwo in der Felsenwüste und beginnt die Stuten, die ihn besuchen, zu decken. Je besser sein Revier ist, umso eher kommen die Stuten zu ihm.

Es gibt aber nicht viele gute Hengstreviere. Die Wüste ist gnadenlos. Die Wildesel haben hier nur überleben können, weil sie extrem anspruchslos sind. Und weil sie jeden kleinsten Vorteil, der sich ihnen bietet, nutzen können. Dafür müssen sie nicht nur schlau, sondern, bei aller Vorsicht, auch neugierig sein. Sie haben gelernt zu warten, wenn das lebensnotwendig ist, und sofort zuzugreifen, wenn sich eine Chance bietet. Sie haben gelernt, mit ihren Kräften sparsam umzugehen,

In den ersten Lebenswochen sind junge Pferde

wie junge Esel voll und ganz von ihrer Mutter abhängig.

Mit zunehmendem Alter werden die Fohlen immer selbständiger.
Dabei entwickeln sich die jungen Pferde aber nicht so schnell wie
gleichaltrige Esel,

die schon im Alter von zwei Jahren nahezu ausgewachsen sind.

Vor allem Ponys und Kleinpferde, wie hier der Norweger, brauchen lange, bis sie ganz erwachsen sind.

Dafür leben die Esel in der Regel auch viel länger als Pferde.

wenn in der Natur Mangel herrscht. Sie können aber auch ausgelassen und verspielt sein, wenn sie für kurze Zeit Überfluss erleben. Vor allem aber haben sie gelernt, in der Gruppe unbedingt zusammenzuhalten. Denn nur gemeinsam können sie unter den extremen Lebensbedingungen der Wüste überleben. Tags kann es dort bis zu fünfzig Grad heiß werden und nachts bitterkalt. Es kann jahrelang kein Tropfen Regen fallen und Sandstürme wüten manchmal wochenlang. Da müssen die Tiere sich voll aufeinander verlassen können. Deshalb ist das Festhalten an einer einmal festgelegten Ordnung für die Esel lebenswichtig. Wir Menschen nennen das törichterweise Sturheit. Die Esel, könnten sie reden, würden sagen, dies sei ihre Lebensweisheit.

Zähmung

Viele Eigenschaften und Verhaltensweisen der Wildesel erkennen wir in unseren Hauseseln wieder. Vielleicht verstehen wir jetzt besser, warum Hausesel so anspruchslos und ruhig, so vorsichtig und zugleich neugierig, so geschickt, ausdauernd, treu und manchmal eben auch so stur sind. Das hat sie die Wüste gelehrt.

Wilde Esel wurden schon früh von Menschen gezähmt. Vermutlich haben die Menschen in Nordafrika schon vor über sechstausend Jahren erkannt, dass Esel tüchtig und zäh sind, und deshalb einige zu sich genommen. Wie sie das gemacht haben, wissen wir nicht. Vielleicht haben sie Eselfohlen in den Bergen gefangen und in die Dörfer gebracht. Das war möglich, weil Eselfohlen sehr schnell wachsen und deshalb ihre Mutter

Wer sich ein Eselfohlen zulegt,
muss bereit sein, dreißig oder
sogar vierzig Jahre für das Tier
zu sorgen. Denn so lange
können Esel leben.

nicht so lange brauchen wie zum Beispiel Pferdefohlen. Auch das eine Anpassung an das karge Leben in der Wüste. Da muss jeder bald für sich selber sorgen können.

So sind die kleinen Wildeselfohlen bald zahm geworden. Zuerst hat man ihnen vermutlich nur Körbe umgehängt, damit sie Sachen für die Menschen tragen können. Das ging sehr gut. Also hat man sie auch eingespannt, um größere Gegenstände zu schleppen, wie Baumstämme oder Steinbrocken. Auch das haben die Esel geduldig mitgemacht. Daraufhin hat man für sie Wagen gebaut, damit sie noch mehr ziehen und schleppen können. Nicht einmal dagegen haben sie sich gewehrt. Sie blieben weiter anspruchslos und sehr tüchtig. Mit der Zeit verloren sie völlig ihre Scheu vor den Menschen. Aus dem Wildesel wurde ein Hausesel.

Der Mensch hat das rücksichtslos für sich ausgenutzt. Der neue Hausesel wurde zum Sklaven des Menschen. Und häufig genug leider auch zu seinem Prügelknaben. Schließlich setzte sich der Mensch selbst auf den Eselsrücken. Geduldig trug der kleine Kerl auch noch seinen Herrn durchs Leben. Bestimmt haben viele Menschen ihn dafür aber auch geliebt. Er wurde zum beliebtesten Reittier der Geschichte. Zumindest aber zum am häufigsten benutzten Reittier. Lange vor dem Pferd war er das erste Haustier, das Menschen zähmten, um Lasten schleppen zu lassen oder selbst darauf zu reiten.

6. Schlau, aber stur, diese Esel

Sechstausend Jahre sind vergangen, seitdem die wilden Urahnen von Roberto und Rosina durch Menschen gezähmt und zu Hauseseln wurden. Das ist eine sehr lange Zeit. Trotzdem verhalten sich die beiden manchmal immer noch so, als würden sie wie wilde Esel in der Wüste leben. Da ist zum Beispiel ihre Schlauheit, wenn es ums Fressen geht. In der Wüste muss man jede Gelegenheit nutzen, um an genügend Futter zu kommen. Aber bei uns auf dem Hof? Bei so viel Futter?

Nicht auf die Menge des Futters haben es Roberto und Rosina jedoch abgesehen. Sie interessiert nur die Qualität. Es muss gut schmecken. Und gut schmeckt vor allem Hafer. Hafer gemahlen, gequetscht oder gestampft, Hafer mit Zuckerrübenschnitzeln, Hafer mit klein geschnittenen Äpfeln, Hafer feucht, nass oder trocken, am besten aber Hafer pur.

Nun sind die Esel nicht die Einzigen auf dem Hof, die Hafer gern mögen. Alle unsere Tiere sind darauf scharf. Wenn es am Abend ab und zu Hafer gibt, treiben die Tiere allerlei taktische Spielchen, wer als Erster ein Haferkorn erwischt. Die Schafe blöken lange, bevor ich überhaupt beginne, den Hafereimer in der Futterkammer zu füllen. Komme ich dann in den Stall, umringen sie mich so fest, dass ich keinen Schritt mehr machen kann. Sie kleben mir geradezu an den Beinen. Die Rinder wiederum erkämpfen sich einfach kraft ihrer Masse einen Weg zu den Trögen. Das führt nur dazu, dass zunächst keiner, weder Schaf noch Rind, was bekommt. Denn diesem Drängen gebe ich nicht nach. Da sind die Pferde schon schlauer. Besonders Flecki, das Shetlandpony, tut so, als ginge es alles gar nichts an. Im selben Moment aber, in dem die Tür zum Stall aufgeht, wuselt Flecki zwischen allen durch und ist als Erste am vollen Hafertrog. Sie droht, schlägt hinten aus, beißt vorn, nur um ihren Platz am Trog so lange zu verteidigen, bis sie das Maul voller Hafer gestopft hat. Bald muss sie nämlich als die Kleinste unter den Pferden der Übermacht der anderen weichen. Aufgegeben hat sie deshalb aber noch lange nicht. Dann läuft sie nämlich schnell um den Stall herum und fängt mich an der Tür zur Futterkammer ab. Es könnte ja sein, dass im Eimer noch ein paar Haferkörner übrig geblieben sind. Es könnte ja sogar sein, dass ich ihr den Eimer überlasse, damit sie ihn sauber lecken kann. Das ist dann ihr höchstes Glück.

«Noch schlauer ist die Taktik der Esel. Die warten gar nicht erst ab, bis ich zur Fütterung komme, sondern schleichen sich schon vorher in den Stall.»

Noch schlauer ist die Taktik der Esel. Die warten gar nicht erst ab, bis ich zur Fütterung komme, sondern schleichen sich schon vorher in den Stall. Da stehen sie dann unschuldig und tun so, als ob ein voller Hafertrog sie in keiner Weise interessieren würde. Am Anfang bin ich darauf hereingefallen. Jetzt aber finde ich, dass dieser Frühstart den anderen gegenüber nicht fair ist. Also treibe ich die beiden hinaus.

Kaum habe ich angefangen, meinen Hafereimer in die verschiedenen Tröge zu entleeren, sind die Esel wieder da und fressen in aller Seelenruhe. Wieder treibe ich sie weg. Aber das nützt nichts. Sie machen sich so klein und unscheinbar, dass man sie einfach übersieht und vergisst. Oder sie verstecken sich hinter einem Strohballen oder in einer dunklen Ecke des Stalls. Ohne dass man es bemerkt, stehen sie schon wieder am

Trog und fressen und fressen. Dabei dürfen sie gar nicht so viel Kraftfutter bekommen. Das ist ungesund für sie. In der Wüste wächst ja auch kein Hafer. Dort aber haben sie gelernt, alles auszunutzen, was sich bietet. Oder genauer: Gelernt haben das ihre wilden Vorfahren. Aber auch bei Roberto und Rosina ist dieses Verhalten noch eingeprägt. Unauffälligkeit ist das erste Gebot. Erst wenn wir Menschen das erkennen, merken wir, wie schlau sie eigentlich sind, diese Esel.

Der Hufschmied kommt

Sturheit ist ihr zweites Gebot. Man kann es natürlich auch «Nicht-vom-Ziel-abweichen-wollen-Verhalten» nennen. Zum Beispiel, wenn der Hufschmied kommt. Keines unserer Tiere bekommt ein Hufeisen, aber die Hufe müssen trotzdem ab und zu geschnitten werden. Vor allem bei den Eseln ist das wichtig. Sie haben harte Hufe, die sich in unserem weichen Gelände nicht abnutzen. So kommt zweimal im Jahr der Hufschmied und damit auch der Augenblick, in dem man sich alle Esel dieser Welt zurück nach Afrika wünscht. Oder zumindest weit, weit weg.

Denn Esel mögen keinen Hufschmied. Zumindest mögen sie unseren Hufschmied Sepp Lose nicht. Das liegt aber nicht am Sepp. Roberto und Rosina mögen für niemanden die Hufe hochheben und still halten, damit man sie abraspeln kann. Dabei tut es doch kein bisschen weh. Weil ihre Hufe aber so wachsen, als würde die ganze Welt nur aus harten Steinen bestehen, muss das sein. Nur, mach das mal einem Esel klar!

Zuerst versuchen wir es freundlich mit «Roberto, sei mal schön brav!» und so. Roberto ist brav. Er steht wie immer nur da und ist der bravste Esel auf der Welt. Nur, den Huf hochheben mag er eben nicht. Und wenn er etwas nicht mag, dann macht er das auch nicht. Da hilft alles gute Zureden nichts. Erst recht kein Geschimpfe. Dann schaut er nur noch eigensinniger vor sich hin.

So bleibt leider nur Gewalt übrig. Mona packt ihn hinten, ich vorne und der Hufschmied, ein Berg von einem Mann, irgendwo in der Mitte. Wir drücken, klemmen, zwängen ihn an die Stallwand, wir schimpfen, lachen, schwitzen und Sepp raspelt, was er kann.

Wenn er fertig ist, springen wir zur Seite, damit Roberto davonstürmen kann. Aber Roberto, der sich bis zuletzt mit aller Kraft gewehrt hat, schüttelt sich nicht einmal. Er versucht nur, sein Gleichgewicht wieder zu finden, und bleibt seelenruhig da stehen, wo wir ihn losgelassen haben. Ich glaube, wir könnten mit ihm machen, was wir wollen. Sein liebevolles Vertrauen in uns und seine Anhänglichkeit bleiben unerschüttert. Seine Neugier auch. Denn jetzt ist Rosina dran, und da will Roberto sowieso nicht fort.

Rosina ist nicht ganz so vertrauensselig wie Roberto. Was aber ihre Sturheit betrifft, ist sie nicht zu überbieten. Das letzte Mal beim Hufschmied hat sich Roberto recht manierlich verhalten. Nicht dass er seine Hufe freiwillig gehoben hätte, aber immerhin. Bei Rosina jedoch ist keine Besserung in Sicht.

Dabei kenne ich inzwischen viele Esel, die ihre Hufe lammfromm hochheben. Schon bevor man sie darum bittet. Ich kenne aber auch einige mit schlimmen Hufen, weil sich kein

Mensch mit einer Hufraspel auch nur in ihre Nähe traut. So schlimm sind Roberto und Rosina nicht. Vielleicht werden sie sich eines Tages sogar daran gewöhnen.

Liebesspiele

Noch eine Eigenschaft haben unsere Esel von ihrem wilden Stammvater geerbt. In diesem Fall vor allem Roberto. So sanft und friedlich er sich sonst auch Rosina gegenüber verhält, so wüst geht er ans Werk, wenn Rosina rossig ist. Dann wird Roberto auf einmal zum Draufgänger. Zuerst folgt er der Stute in der Art aller Hengste, egal ob Pferd, Zebra oder Esel. Er saugt ihre Düfte ein und flehmt. Er bewacht sie und lässt kein anderes Tier in ihre Nähe. Das ist allerdings nicht besonders schwierig, weil Rosina die Treue in Person ist. Kein anderer als Roberto darf sich für sie interessieren. Sonst wird sie richtig eklig.

Auch wenn Roberto von hinten auf sie aufreitet, sieht das noch ganz harmlos aus. Plötzlich beißt er sie dann aber so hart in den Nacken, dass sie aufschreit und versucht davonzurennen. Doch Roberto beißt nur noch kräftiger zu. Mit seinen Vorderbeinen umklammert er Rosina so fest, dass sie, wie in einem Schraubstock, weder vor-, rückwärts oder seitwärts ausscheren kann. Er lässt sie einfach nicht los. Nachher ist er dann wieder ganz friedlich. Bis wenig später alles wieder von vorn beginnt, zwei, drei Tage und Nächte lang.

Ein wilder Esel im Zoo

So hat das harte Leben in der Wüste bei den Eseln Spuren bis zum heutigen Tag hinterlassen: das Schlaue, das Sture, das Sanfte und das Stürmische. Der wilde Hengst musste früher in seinem einsamen Revier alles daransetzen, die rossige Stute zu decken, bevor sie mit ihrer Herde zum Nachbarn weiterzog. Blieb er zu zaghaft, wurde eben ein anderer Hengst Vater eines Fohlens. Nur der wirklich zupackende Hengst hat deshalb seine Eigenschaften an die Söhne vererbt. Kein Wunder also, dass Roberto auf einmal so wild wird. Selbst wenn er keine Konkurrenz mehr von anderen Hengsten fürchten muss. In ihm steckt immer noch das Erbe seiner wilden Vorfahren aus der Wüste.

In Zoos und Tierparks gelten Eselhengste deshalb als recht schwierig. Ich kannte mal einen Esel im Zoo von Salzburg. Angeblich ein Wildesel, aber ich glaube, er war nur ein wild gewordener Hausesel. Auf jeden Fall war er völlig unberechenbar, ja manchmal richtig böse.

Er lebte zusammen mit einer ganzen Herde kleiner Pferde in einem recht großen Gatter. Dort hatte er wenig zu melden, denn die Pferde kümmerten sich nicht um ihn. Vielleicht war er deshalb so in die Besucher des Zoos vernarrt. Und sie in ihn. Vorerst einmal. Er stand immer am Zaun und wartete, bis jemand vorbeikam. Dann wieherte er, wie eben Esel wiehern. Darauf gingen alle zu ihm hin, streichelten ihn am Zaun und gaben ihm – auch wenn es streng verboten war – etwas zu fressen. Er ließ alles mit sich geschehen. Besonders Leckerbissen schmecken ja jedem. Urplötzlich aber hatte er genug und spuckte die Leute an. Er prustete ihnen ganze Schwaden klebriger Spucke entgegen. Dann drehte er sich um und schlug mit seinen Hufen mit voller Kraft gegen die Balken des Zauns. Die Zoobesucher waren jedes Mal sehr erschrocken. Danach drehte sich der Esel um und versuchte, alle zu beißen, die noch am Zaun standen.

Einmal ist er sogar ausgebrochen. Der Zoodirektor und ich waren gerade unterwegs zum Wolfsgehege. Dabei liefen die drei großen Hunde des Direktors frei mit. Und wie immer jagten sie allem im Zoo nach, was sich jagen ließ. Die Hirsche rannten den Berg in ihrem Gehege hinauf, die Rehe verschwanden in ihrem Gebüsch und auch die anderen Tiere versteckten sich. Sie kannten das Spiel und regten sich alle erstaunlich wenig auf.

«Das ist gut für ihre Kondition», behauptete der Zoodirektor und ließ die Hunde laufen. Sie rannten durch das Pferdegehege und trieben dort die Tiere wie gewohnt auseinander. Doch dieses Mal passierte etwas Ungewöhnliches. Auf einmal stand der Eselhengst nicht hinter, sondern vor dem Zaun. Und jetzt begann eine noch wildere Jagd. Denn nun jagte der Esel alles, was zwei Beine hatte. Besucher waren so früh am Morgen glücklicherweise noch nicht da. Aber die Tierwärter, die anrückten, um den Esel wieder einzufangen, mussten sich sputen. Einige sprangen über Zäune, andere kletterten in die Bäume, der Zoodirektor und ich retteten uns auf das Dach des Pferdestalls. So wild ging es da zu. Plötzlich war ein kleiner Esel Herrscher über den ganzen Zoo.

Aber nur kurz. Denn einer der Tierwärter machte schnell das Tor zum Gehege auf, ein anderer füllte den Trog mit Hafer. So kehrte bald wieder Ruhe ein im Zoo. Der Eselhengst stand wieder hinterm Zaun und wartete auf die Besucher. Der

Direktor kletterte lachend vom Stalldach und ich hatte gelernt, dass Esel richtig böse werden können, wenn sie Langeweile haben.

Wie soll man Esel richtig halten?

Wie soll man Esel also richtig halten? Wenn ich an Roberto und Rosina denke, ist kein anderes Tier auf Grillenöd so pflegeleicht. Sie fressen wenig. Zum Teil sogar das, was die anderen Tiere nicht fressen wollen. Sie sind das ganze Jahr über draußen. Nur zum Schlafen brauchen sie im Winter einen trockenen Liegeplatz. Sie sind nie krank, gescheit, immer freundlich und wirklich einfach zu halten. Nur manchmal sind sie eigensinnig. Wahrscheinlich sind sie darum so problemlos, weil sie zu zweit zufrieden sind. Jedes Tier braucht einen Sozialpartner.

Wichtig für die Esel ist auch ihre gewohnte Umgebung. Man muss viel bei ihnen sein, mit ihnen reden und sie unterm Kinn kraulen. Nur an den Ohren sind sie ziemlich empfindlich. Da wollen sie nicht so gern berührt werden. Schimpfen sollte man sie auch nicht. Das nützt sowieso nichts, denn dann schalten sie erst recht auf stur. Trotzdem darf man sie nicht zu sehr verwöhnen. Sie müssen genau wissen, was sie tun dürfen und lassen müssen. Damit es Eseln nicht zu langweilig wird, muss man ihnen auch viel Abwechslung bieten. Sie mögen es zum Beispiel sehr gern, wenn wir sie auf eine Wanderung mitnehmen. Dann sehen, riechen, hören sie Neues, und das mögen sie, weil sie nun mal neugierig sind.

7. Zwerge und Riesen

Fast jeder kennt verschiedene Pferderassen: Araber, Hannoveraner, Haflinger, Isländer oder Shetlandponys. Wer aber kennt Eselrassen? Sardische Zwergesel kennen *wir* jetzt, weil Roberto und Rosina zu dieser Rasse gehören. Und auch von den großen Poitou-Eseln haben wir gehört. Aber es gibt noch viel mehr Eselrassen, auch Landschläge genannt.

Landschläge

Zu einem Landschlag gehören fast alle Tiere der Umgebung. Auf Sardinien sind die meisten Esel so klein wie Roberto und Rosina. Es gibt dort nur diesen einen Landschlag, eben den Sardischen Zwergesel. Auf anderen großen Inseln im Mittelmeer, Korsika, Sizilien oder Kreta, gibt es andere Schläge. Typisch für diese Inselschläge ist, dass die Esel meistens recht klein sind. Als die Esel zu den Menschen in den Hausstand kamen, wurden sie erst einmal kleiner als ihre wilden Ahnen. Auch die ersten Hauspferde oder Haushunde waren kleiner als Wildpferde oder Wölfe. Erst später haben Menschen absichtlich auch große Rassen oder Schläge gezüchtet, indem sie immer die größten Tiere miteinander gepaart haben. Auf Inseln wie Sardinien gab es aber nicht genug Tiere, von denen man die größten immer hätte auswählen können. Also bleiben viele Haustiere auf Inseln oder in entlegenen Gebieten klein.

Dort aber, wo man früher viele Esel gezüchtet hat, können auch Schläge besonders großer Esel entstehen. Zum Beispiel im Poitou in Frankreich. So nennt man alle Esel, die von dort stammen, eben **Poitou-Esel**. Aus einer anderen Gegend in Frankreich stammt der etwas kleinere **Gascogne-Esel**. In Südspanien wurde der **Spanische Riesenesel** gezüchtet. Er ist wie der Poitou-Esel ganz dunkel. Und aus Süditalien stammt der ebenfalls sehr große **Puli-Esel**. In den Alpen züchtete man absichtlich etwas kleinere Tiere, die man **Savoy-Esel** nennt. Für die schwere Arbeit im steinigen Gelände im Gebirge waren wieder kleinere Tiere von Vorteil. Gleiches gilt für den Balkan, wo der kleine **Makedonische Esel** gezüchtet wird.

Packesel

So hat jede Region ihren ganz eigenen Esel. Und weil der Esel im Süden weit verbreitet war, gibt es dort auch entsprechend viele verschiedene Schläge und Typen. Einige sind größer oder dunkler in der Farbe, andere kleiner oder heller oder sogar gescheckt. In Afrika gibt es fast weiße Esel, die man dort **Maskat-Esel** nennt. Sie haben auch die Querstreifen der wilden Somali-Esel an ihren Beinen, die bei den anderen Rassen nur schwach ausgebildet sind.

Und doch sehen sich die meisten Esel ziemlich ähnlich. Es hat niemals so viele verschiedene Rassen und Schläge gegeben wie etwa bei den Pferden oder den Hunden. Pferde und Hunde waren früher vor allem Haustiere der Reichen. Die hatten viel Zeit und viel Geld, um ihre Lieblingstiere nach ausgefallenen Vorstellungen zu züchten. Außerdem wurden sie für ganz unterschiedliche Aufgaben gezüchtet. Schwere Pferderassen für die Arbeit auf dem Feld, leichte zum Reiten, kleine für die Kinder, besonders elegante für die Kutschen.

Der Esel aber war immer das Tier der Bauern und Armen. Die waren froh, wenn sie überhaupt ein oder zwei Esel halten konnten. Diese wenigen Tiere mussten dann alle Aufgaben übernehmen, wurden geritten und mussten schwere Lasten schleppen. Sie waren die «Packesel» der kleinen Leute. Noch heute sehen sie sich daher auf der ganzen Welt ähnlich.

Verbreitung der Hausesel

Nachdem die Esel zuerst irgendwo in Ägypten vor sechstausend Jahren zu Haustieren gezähmt wurden, kamen sie bald auch nach Europa. Denn hier hatte man großen Bedarf an Arbeitstieren. Es war die Zeit, als die Menschen auch in Europa allmählich ihr Leben als Jäger und Sammler aufgaben. Es gab inzwischen zu viele Menschen für das immer seltener werdende Wild. Deshalb mussten die Menschen überlegen, wie sie auf andere Weise genügend Nahrung beschaffen konnten. Aus Jägern und Sammlern wurden nun Hirten und Bauern.

Die Bauern mussten hart arbeiten. Da kam ihnen der Esel aus Afrika gerade recht. Mit seiner Hilfe ging die Arbeit auf dem Hof viel leichter. Kein Wunder, dass der Esel bald überall dort ein begehrtes Haustier war, wo sich die neue Landwirtschaft ausbreitete. Von Europa wurden die Esel weiter bis nach China gebracht. Noch heute sind sie dort oft das wichtigste Transportmittel. In Afrika breitete sich der Esel entlang den Küsten und den Karawanenstraßen in südlicher Richtung aus. So lebten und arbeiteten Hausesel bald überall in Nord- und Ostafrika, in Europa und Asien. Nur ganz im Norden hielt man für diese Aufgaben lieber Rentiere, denn die sind besser an das kalte Klima dort oben angepasst. In Indien oder Indonesien wiederum nahm man zur Arbeit lieber den Wasserbüffel, weil er mit dem feuchten Klima besser zurechtkommt als der Esel. Im Himalaja oder im Altai bevorzugte man den Yak, weil er die dünne Luft besser verträgt. Sonst aber gab es bald überall den kleinen, tüchtigen, genügsamen Hausesel.

Die römischen Kriegsherren benutzten die Esel sogar für ihre zahllosen Kriegszüge. So mussten Esel den ganzen Tross an Versorgungswagen mit Nahrung, Kleidung, Zelten und Frauen den Kriegern hinterherschleppen. Dadurch kam der Esel auch zu den Franken, Sachsen und Kelten.

Als die Europäer Jahrhunderte später nach Amerika segelten, hatten sie auch Esel und Pferde mit an Bord. Die Indianer waren von dem kleinen Lastenträger begeistert, und so verbreiteten sich die Esel schnell über ganz Süd- und Nordamerika.

Die verwilderten Hausesel vom Death Valley

Bald nach ihrer Ankunft in Amerika gingen einige Esel eigene Wege und verwilderten. Auch Pferde verwilderten. Als Mustangs wurden sie von den Indianerstämmen der Prärie wieder eingefangen und noch einmal gezähmt. Auch viele der verwilderten Esel fing man wieder ein. Doch einige leben noch immer in Freiheit. Besonders bekannt geworden sind die wilden Esel vom Death Valley im Süden Kaliforniens. Dort herrscht

für sie genau das richtige Klima. Nirgendwo sonst in Amerika ist es so trocken und heiß. Nirgendwo sonst ist für die Esel deswegen auch so viel Platz wie hier. Diese hohen Temperaturen hält kaum ein anderes Großtier aus. So leben die Esel schon lange ein scheues und zurückgezogenes Leben in dieser Wüste. Ein Leben wie am Rande der Sahara in Afrika.

8. Elisa oder Elia

«Es muss ein Name mit I-a sein», sagt Mona. «I-a … also Elia, wenn es ein Hengst wird … und … Elisa, wenn es eine Stute wird.»

«Wenn Elisa dick wird, nennen wir sie einfach Elli», sage ich.

«Sie wird nicht dick!» Mona legt ihren Arm um Rosina. Gerade haben wir gespürt, wie kleine Hufe von innen gegen Rosinas Bauch gestoßen haben. Rosina ist trächtig.

Schon im letzten Jahr glaubten wir, Rosina bekäme ein Fohlen. Dabei hatte uns nur ihr dicker Grasbauch getäuscht, den sie wie alle Tiere im Frühjahr bekommt, wenn sie wieder auf der Weide ist. Aber diesmal ist sie wirklich trächtig, denn es ist tiefer Winter. Deshalb kann sie noch keinen Grasbauch haben. Außerdem haben wir das Fohlen in ihrem Bauch gespürt. Vielleicht wird es schon im Mai so weit sein.

Wir freuen uns riesig. Wieder kommt ein kleiner Esel auf die Welt. Und das ist wichtig, denn sonst geht es den Hauseseln eines Tages vielleicht doch so wie den Wildeseln – sie sterben aus. Um Lasten zu tragen oder zu schleppen, braucht man bald keine Esel mehr. Dafür hat man jetzt Autos, Traktoren oder Güterzüge. Das ist für die Esel natürlich eine große Erleichterung in ihrem traurigen Packesel-Leben! Aber Esel einfach so halten, als liebenswerte Hausgenossen, wollen auch nur wenige. Wer weiß denn schon, wie kinderlieb und anhänglich Esel sein können? So gibt es bei uns immer weniger Esel.

Die Esel von Kashgar

Noch aber sind die Esel nicht überall auf der Welt überflüssig geworden. Nirgendwo habe ich mehr Esel gesehen als in einer Stadt in China, die Kashgar heißt. Sie liegt am Rande der großen Takla-Makan-Wüste, ganz im Westen von China. Hier kreuzen sich seit uralten Zeiten zwei Karawanenwege, die man die Seidenstraßen nennt. Auf Kamelen hat man von hier aus vor allem Seide, Gewürze, Teppiche, edle Vasen und schöne Kleider nach Europa oder bis nach Indien gebracht.

Heute transportiert man die meisten Waren auch hier natürlich mit Lastautos. Aber in Kashgar selbst riecht es noch immer nach vergangenen Zeiten. Die ganze Stadt ist ein einziger Basar. Überall auf den engen staubigen Gassen zwischen niedrigen Lehmhäusern wird gehandelt und gefeilscht. Es ist ein unglaubliches, buntes Durcheinander. Dazwischen rennen Kinder umher. Auf dem Kopf tragen sie immer eine graue Mütze. Leichte vierrädrige Pferdedroschken bringen Geschäftsleute quer durch die Stadt. Die Pferde tragen dabei Schellenkränze um den Hals, damit man sie hören und schnell zur Seite springen kann, wenn sie vorbeitraben.

Die schweren Lasten aber schleppen nach wie vor allein die Esel. Hier gibt es keine Autos, denn dazu ist die Stadt viel zu eng gebaut. Die Esel haben nur ein Glöckchen um den Hals. Wenn man sie hört, muss man nicht sofort flüchten, denn die Esel sind gemütlich. Man reitet auf ihnen und man spannt sie vor zweirädrige Wagen. Hoch oben auf der Riesenlast sitzt der Kutscher und treibt seinen kleinen Esel an. Oder ganze Familien von Oma und Opa bis hin zum Baby zwängen sich auf einen Wagen. Handwerker kommen mit ihren Waren zum

Markt, Tuchhändler mit Riesenbündeln, Bauersfrauen mit Obst und Gemüse, Gewürzhändler mit allen Wohlgerüchen des Orients. Nirgendwo haben wir so viel Geschäftigkeit gesehen. Und nirgendwo so viele Esel.

Was wird aus den Eseln?

Eines Tages werden aber auch in Kashgar Lastautos die Arbeit der Esel übernehmen. Der Fortschritt lässt sich nicht aufhalten.

Und was passiert dann mit dem Esel, wenn er nirgendwo mehr gebraucht wird? Wird er in einigen Zoos und Tierparks überleben? Oder wird er gänzlich verschwinden und uns höchstens im Museum ausgestopft an frühere Zeiten erinnern?

Ich glaube, dass es nicht so weit kommen wird. Anlass für meine Zuversicht ist die moderne Geschichte des Pferdes. Nach dem Zweiten Weltkrieg hieß es überall, das Pferd sei überflüssig geworden. Vielerorts bangte man deshalb schon um sein Überleben.

Auf Island hat man sogar überlegt, ob man die letzten Islandponys nicht lieber ehrenvoll sterben lassen sollte, als sie sinnlos durchs Leben zu füttern, bis sie an Altersschwäche eingehen würden. Über tausend Jahre hatten sie zwar die Geschichte der Insel mit geprägt, doch auf einmal waren sie zu nichts mehr nütze.

Dann kam die Geschichte doch ganz anders. Heute leben auf Island mehr Ponys als je zuvor. Auf vielen Bauernhöfen, auf denen früher nur Schafe gehütet wurden, werden jetzt

Islandpferde gezüchtet. Die Isländer selber sind geradezu reitbegeistert geworden. Es gibt auch immer mehr Touristen, die extra wegen der Ponys nach Island kommen. Und viele Islandponys werden überall dorthin exportiert, wo man diese kleinen, aber ungemein zähen und hübschen Pferdchen jetzt auch reiten will und liebt.

Ähnlich ist es den meisten Pferderassen auch bei uns ergangen. Pferde werden in einer Vielfalt gezüchtet wie nie zuvor. Das Pferd hat sich vom Nutztier zu einem Freizeittier gewandelt. Von einem Tier für die Arbeit zu einem Tier für Sport und Liebhaberei. Leider geht es den Pferden deshalb nicht immer besser als früher, denkt man an die vielen Renn-, Spring-, Dressur- oder Hobbypferde, die für höchstens eine Stunde am Tag aus ihrer Box geholt werden. Man kann nur hoffen, dass mit der Zeit alle Menschen kapieren, dass man Tiere zuerst einmal artgerecht halten muss.

Ein Freund und Spielgefährte

Im Vergleich zu Pferdeliebhabern werden natürlich niemals so viele Menschen Esel haben wollen. Der Esel ist nicht reitbar, sportlich, schick oder «edel» genug, sondern nur ein bescheidenes Haustier. Mit ihm kann man nie so viel Aufmerksamkeit erzielen wie mit einem schönen Pferd. Dafür kann man mit einem Esel aber eine besonders innige Freundschaft schließen. Das ist vor allem für Kinder schön.

Vielleicht liegt hier die Zukunft des Esels: nicht mehr Lastenschlepper, sondern lustiges und anhängliches Haustier, Spielkamerad, Rasenmäher und Stallkumpan, guter Freund

von Kindern und Erwachsenen. Wie viel lebendiger und reicher ist Grillenöd geworden, seitdem Roberto und Rosina bei uns wohnen! Mit seinem sehnsuchtsvollen «Iiiaaah» begrüßt uns Roberto jeden Tag aufs Neue, wo immer er uns sieht. Noch viele Jahre wird er uns sein weiches Maul sanft in den Bauch drücken, um gestreichelt zu werden. Und Rosina? Sie wird bald ihr Fohlen bekommen, eine Elisa oder einen Elia. Kinder werden mit dem jungen Esel spielen und auch viele Erwachsene sich an ihm freuen. Und das, mehr als alles andere, wird zum Erhalt seiner Art beitragen.

Juan Ramón Jiménez

Platero

Platero, mein silbergrauer Esel, ist klein, haarig, weich, so
sanft fühlt er sich an, dass man sagen möchte, er sei ganz aus
Watte und habe keine Knochen. Nur die Jettspiegel seiner
Augen sind hart, wie zwei Skarabäen aus schwarzem Kristall.

Wenn ich ihn freilasse, geht er auf die Wiese, und mit seinem laulichen Maul liebkost er, sie kaum berührend, die kleinen rosa, blauen und gelben Blumen. Ich rufe ihn leise:
Platero! Und er kommt auf mich zu in einem munteren kleinen Trab, sodass es klingt, als ob er lache und Glöckchen in der
Ferne läuteten. Er frisst alles, was ich ihm gebe. Es schmecken
ihm Apfelsinen und Mandarinen, die Muskatellertrauben, die
ganz aus Ambra sind, die violetten Feigen mit ihrem kristall-
klaren Honigtröpfchen. Er ist sanft und zärtlich wie ein kleiner Junge, wie ein kleines Mädchen ..., aber in seinem Innern
stark und trocken wie aus Stein. Wenn ich am Sonntag auf ihm
durch die letzten Gassen des Dorfes reite, bleiben die sauber
gekleideten, gemächlichen Landleute stehen und betrachten
ihn: Er ist aus Stahl!

Aus Stahl ... aus Stahl und Mondsilber zugleich.

Aus: *Platero und ich*, übersetzt von Doris Deinhard. © Insel Verlag
Frankfurt am Main 1977

Bücher zum Weiterlesen

Wenn man sieht, wie viele Bücher es über Pferde und Ponys gibt, staunt man über die paar wenigen über Esel. Dafür sind einige davon aber sehr schön, und die möchte ich hier gerne weiterempfehlen:

Wer sich gründlich über die Haltung von Eseln informieren möchte, soll das Buch lesen von
Dorothy Morris, *Esel – Haltung und Pflege*, Verlag Albert Müller, Rüschlikon-Zürich, oder von
Robin Borwick, *Esel halten*, Ulmer Verlag, Stuttgart.

Ganz neu erschienen sind die folgenden Bücher:
Ursula Licht, *Liebenswertes Langohr*, Verlag Albert Müller, Rüschlikon-Zürich, und
Johannes Erich Flade, *Der Hausesel*, in der Neuen Brehm-Bücherei, Wittenberg Lutherstadt.
Ebenfalls ganz neu ist ein Buch über Wildesel von Gertrud und Helmut Denzau, *Wildesel*, Verlag Thorbecke.

Viel Wissenswertes über das Verhalten von wilden Pferden, Zebras und Wildeseln findet man außerdem im
Band 4 von *Grzimeks Enzyklopädie der Säugetiere*, Kindler Verlag, München.

Ein Muss für jeden erwachsenen Eselfreund ist die andalusische Elegie von
Juan Ramón Jiménez, *Platero und ich*, Insel Verlag, Frankfurt am Main

Ein weiteres wunderschönes Tierporträt eines ungewöhnlichen Esels ist in einem Sammelband über Tiere erschienen:
Claus-Peter Lieckfeld, *Rinaldo ist ein Esel*, Verlag Rasch und Röhring, Hamburg.

Heitere Geschichten von liebenswerten Grautieren vermittelt
Gerhard Eckert, *Esel sind auch nur Menschen*, Verlag Husum Druck, Husum, sowie
Wilhelm Gruber, *Lieber alter Zottel*, Aare-Verlag, Aarau.

Mehr für Kinder geeignet, zum Vorlesen und Selbstlesen, ist das Buch von meiner Frau und mir über die Freundschaft eines Mädchens mit einem Esel und einem Kolkraben:
Mona und Erik Zimen, *Mein kleiner Esel Elia*, C. Bertelsmann Verlag, München.

Für ganz kleine Leser gibt es zwei schöne Bilderbücher über Eselfohlen aus dem Kinderbuchverlag Luzern:
Hans Limmer, *Mein Esel Benjamin*, und
Gisela und Siegfried Buck, *Mona, das Eselfohlen*,
sowie aus demselben Verlag H. und A. Fischer, *Das Eselbuch*.

Schließlich gibt es einige Vereine, die sich um alles rund um den Esel kümmern:

In Deutschland

Interessengemeinschaft für Eselfreunde in Deutschland (DIGEF)
Haarstr. 194 a
44797 Bochum

Gesellschaft zur Erhaltung alter und gefährdeter Haustierrassen (GEH)
Am Eschenbornrasen 11
37213 Witzenhausen

In der Schweiz

Schweizerische Interessengemeinschaft der Eselfreunde (SIGEF)
Im Bischoff
CH-3314 Schalunen

In Österreich

Informationen über
Herrn Helmut Edlinger
Ursogasse 3
A-6830 Rankweil

Die Autoren

Erik Zimen, 1941 geboren, ist in Schweden aufgewachsen. Er studierte Zoologie in Zürich und promovierte mit einer Arbeit über Wölfe und Hunde an der Universität in Kiel. Danach war er mehrere Jahre Mitarbeiter von Konrad Lorenz. Er studierte das Verhalten der Wölfe im Bayerischen Wald und in Italien, befasste sich mit dem Fuchs im Saarland und arbeitete zuletzt mit den Inuits und anderen einheimischen Völkern im Norden Sibiriens. Er hat viele Filme über seine Forschungen für das Fernsehen gedreht und auch mehrere Bücher über Wölfe, Hunde, Füchse, Esel und Menschen geschrieben. Seit einigen Jahren lebt er mit seiner Frau, seiner Tochter und vielen Tieren, darunter auch die beiden Esel Roberto und Rosina, auf einem Bauernhof in Niederbayern.

Katharina Lausche, 1959 geboren, ist seit 1984 als Illustratorin tätig. Sie bekam 1992 den Troisdorfer Bilderbuchpreis und stellte ihre Arbeiten in Bologna, München und Tokio aus. Für rotfuchs illustrierte sie die Tiersachbücher (Meine Katze, Mein Hund, Mein Pony, Mein Igel, Mein Waschbär, Mein Kaninchen, Mein Schwein, Mein Huhn, Mein Bauernhof, Meine Wellensittiche, Mein Hamster und – Mein Teddy).

Mit den Bildern zu der zärtlich-poetischen Erzählung «Koschka» (rotfuchs Band 20849) gibt die Künstlerin Katzenporträts, die zu den schönsten und brillantesten dieses Genres zählen.

«Mein Huhn» (Band 20745) wurde als einzige Taschenbuch-Originalausgabe in der Kategorie Sachbuch für den Deutschen Jugendliteraturpreis 1996 nominiert. Lausches Illustrationen haben international höchstes Lob und Beachtung gefunden.

CHRISTINE WITTROCK
KATHARINA LAUSCHE

MEIN WASCHBÄR
EIN ROTFUCHS · SACHBUCH

CLAUDIA TOLL
KATHARINA LAUSCHE

MEIN KANINCHEN
EIN ROTFUCHS · SACHBUCH

SYLVIA BRANDIS
KATHARINA LAUSCHE

MEIN SCHWEIN
EIN ROTFUCHS · SACHBUCH

A. UND H. FISCHER-NAGEL
KATHARINA LAUSCHE

MEIN IGEL
EIN ROTFUCHS · SACHBUCH

EVA-MARIA KRÄMER
KATHARINA LAUSCHE

MEIN HUND
EIN ROTFUCHS · SACHBUCH

CLAUS-PETER LIECKFELD
VERONIKA STRAASS
KATHARINA LAUSCHE

MEINE KATZE
EIN ROTFUCHS · SACHBUCH

SYLVIA BRANDIS
KATHARINA LAUSCHE

MEIN PONY
EIN ROTFUCHS · SACHBUCH

SYLVIA BRANDIS
KATHARINA LAUSCHE

MEIN HUHN
EIN ROTFUCHS · SACHBUCH

PAUL WEBER
KATHARINA LAUSCHE

MEIN BAUERNHOF
EIN ROTFUCHS · SACHBUCH